BALTIMORE CEMETERIES

VOLUME 5

ST. MARY'S Cemetery

Baltimore County Genealogical Society

HERITAGE BOOKS
2011

HERITAGE BOOKS
AN IMPRINT OF HERITAGE BOOKS, INC.

Books, CDs, and more—Worldwide

For our listing of thousands of titles see our website
at
www.HeritageBooks.com

Published 2011 by
HERITAGE BOOKS, INC.
Publishing Division
100 Railroad Ave. #104
Westminster, Maryland 21157

Copyright © 1985 Baltimore County Genealogical Society

Other Heritage Books by the author:
Abstracts of the Baltimore County Land Commissions, 1727–1762
Baltimore Cemeteries: Volume 5, St. Mary's Cemetery
Baltimore County Cemeteries: Volume 6, Mt. Olive
Tombstone Inscriptions of Govans Presbyterian Church Cemetery

All rights reserved. No part of this book may be reproduced or transmitted in any form or by any means, electronic or mechanical, including photocopying, recording or by any information storage and retrieval system without written permission from the author, except for the inclusion of brief quotations in a review.

International Standard Book Numbers
Paperbound: 978-1-58549-125-4
Clothbound: 978-0-7884-8662-3

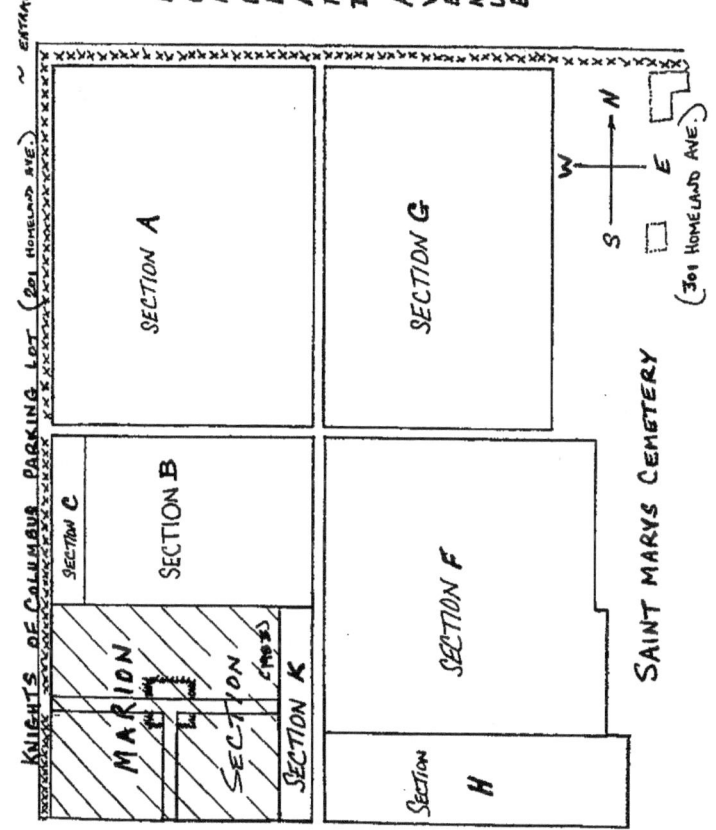

ST. MARY'S CEMETERY

St. Mary of the Assumption (St. Marys) Cemetery is located in the 200 block of Homeland Avenue. Well cared for, it was established in 1850. The oldest gravemarker is dated 1846, and the cemetery records are at the church, St. Mary of the Assumption, 5502 York Road, Baltimore, Md. 21212.

In June 1985 members of the Baltimore County Genealogical Society went to the cemetery and read the tombstones, all areas except the Marion Section. See attached map.

The tombstone inscriptions were typed and submitted to the church secretary, Mrs. Wheeler, who had volunteered to verify and correct questionable entries. When returned, the pages were retyped for publication. Many dates, names, ages, etc. were difficult to read or illegible and the church records did not furnish information needed. A question mark in the entry indicates uncertainty.

We thank Mrs. Wheeler, Mr. Cassatt, the cemetery caretaker, and Father DePetris for their help and their cooperation.

Section A

Row 1a

1. To my beloved husband/ Charles Voeglein/ born August 11, 1857/ died October 17, 1898
2. Joseph E. Fussell/ 1861-1937
3. HARE (curbstone) (dirt covered)
   a. died/ May 4, 1890/ aged 60 years/ R.I.P.
4. Bridget C. Callaghan/ died May 4, 1899/ aged 60 years/ R.I.P. (footstone) B.C.C.
5. Husband/ Michael J. Welsh/ born July 18, 1862/ died Feb. 4, 1899/ May he rest in peace// Bridget A. Welsh/ 1862-1939
6. William M. Welsh/ 1886-1940
   a. RYAN/ Husband/ William Franklin/ died May 7, 1922/ My Jesus Mercy
   b. RYAN/ Wife/ Isabel Forien/ died May 18, 1942/ Rest in Peace
   c. Mother/ Bridget Marie/ died January 2, 1900/ aged 66 years/ Rest in Peace
   d. Father/ Robert J. Forien/ died March 16, 1897/ aged 65 years/ Rest in Peace
   e. LYMAN/ Robert Forien/ born Jan. 4, 1901/ died Dec. 6, 1901
   f. Sister/ Margaret Forien/ died Jan. 12, 1924/ My Jesus Mercy
   g. Husband/ Dr. Wm. F. Forien/ May 19, 1870/ Nov. 7, 1905/ Rest in Peace
7. FORIEN (large momment) Thy Kingdom Come/ Thy Will/ be Done/ 1897
8. BRENNAN/ Margaret 1856-1911// Nicholas 1859-1939// Mary 1889-1977
9. O'DONOVAN (one side) Michael O'Donovan/ born in Dunmanway/ Co. Cork Ireland 1842/ died March 17, 1902/ beloved husband of/ Ellen O'Donovan/ died March 3, 1904// Michael F. O'Donovan Jr./ 1874-1908/ R.I.P.
   a. Daniel/ died Apr. 3, 1917
   b. Cornelius/ died Mar. 2, 1935
   c. Mother
10. Anne T./ beloved wife of/ George H. Smith/ born April 16, 1859/ died Feb. 2, 1899/ Rest in Peace/ Amen
11. Mother/ Mary Aidt/ Atkins/ 1886-1945/ Rest in Peace
12. In/ Memory of/ Joseph Camp/ died May 20, 1898/ aged 71 years/ Requiescat in Pace

Row 1a (continued)   Section A

13 Mother/ Josephine Camp/ 1837-1924
14 Anna Louise Camp/ 1873-1952
15 Eliza Holmes/ died April 25, 1918

Row 1b

1   J. F. NORTON (curbstone)
2   Emily O'Brien/ died Sept. 26, 1938// Lydia Biddle/ died Feb. 13, 1939
3   MICHEL/ Husband/ Andrew A./ 1902-1977// Wife/ Mary E./ 1902-1975
4   KOENIG (curbstone)
        a. George L. Koenig/ born/ Jan. 8, 1864/ died Dec. 13, 1912
        b. Elizabeth A. Koenig/ born Oct. 25, 1895/ died Dec. 29, 1917/ Rest in Peace
5   In Memory of/ Michael Lacey/ beloved husband of/ Annie Lacey/ Jan. 21, 1810/ May 20, 1902/ May his soul rest in peace
6   Emma R./ beloved wife of/ Bernard J. Burke/ died Oct. 28, 1895/ aged 24 years// Also their son/ Bernard Burke
7   Virginia Cockey/ Turner, beloved wife of/ Richard C. Turner/ Sept. 9, 1903-Dec. 8, 1947
8   Mary C. Johnson/ died/ Nov. 3, 1898
9   Daughter/ Mary E. Lorden/ died July 31, 1949// Mother/ Bridget Lorden/ Wife of/ John Lorden/ died May 3, 1914
10 To my husband/ John Lorden/ of County Cork, Ireland/ died/ Dec. 20, 1895/ aged 60 years/ A loving husband and father/ R.I.P.
11 In memory of/ Henry Annen/ born March 12? 1810?/ died July 24, 1896/ May he rest in peace
12 McGOWAN/ Mary/ died/ Oct. 12, 1908// Hannah/ died/ Nov. 30, 1928
13 QUINN/ John/ Dec. 23, 1924/ Mary/ July 21, 1937/ Rev. Ambrose/ Oct. 10, 1970
14 Mary C. Fox/ Aug. 15, 1850/ Feb. 16, 1897
15 Mary C. Goolsbe/ nee/ Fox/ 1879-1968
16 Henry Fox/ Nov. 10, 1847/ Oct. 27, 1924
17 James Kelly/ died/ Mar. 10, 1933/ aged 89 years
18 KELLY/ In memory of/ Anastatia/ beloved wife of/ Simon J. Kelly/ died July 28, 1907/ aged 65 years// Her husband/ Simon J./ died March 21, 1916/ aged 79 years
19 OWEN McINTIRE Sr (curbstone)
        a. McINTIRE/ Owen/ 1833-1914// Catherine/ 1838-1922/ Josephine/ 1868-1939// Martha/ 1876-1943// Margaret T./ 1864-1945// Alice/ 1874-1955 (one side)
           McKENNA/ Mary Ann/ 1860-1887// Mary/ 1883-1884// William R./ 1882-1918// Margaret Tunney/ 1818-1898 (one side)
20 J. F. McClain/ 1876-1897

Row 2a

1   Sacred to the memory of/ Mary E./ beloved wife of/ James McLaughlin/ died Jan. 4th, 1895/ aged 32 years/ May she rest in peace
2   SHIELDS (curbstone)
        a. In memoriam/ Owen Shields/ beloved husband of/ Jane Shields/ born May 12, 1826/ died Dec. 28, 1894/ Rest in Peace// Jane/ beloved wife of/ Owen Shields/ born February 20, 1833/ died January 29, 1901/ Rest in Peace

Row 2a (continued)   Section A

2   SHIELDS (curbstone) (continued)
       b. BISHOP/ Mary H. Bishop/ beloved wife of/ Wm. H. Bishop/ born Oct.
          19, 1870/ died Nov. 22, 1905 (large monument with angel on top)
       c. In memoriam/ George W./ beloved son of/ Owen & Jane Shields/ born
          April 19, 1861/ died July 20, 1898// Alice/ beloved daughter of/
          Eliza & James Ware/ born August 1, 1868/ died March 1, 1898/
          Rest in Peace
3   James L. McGrain/ died June 27, 1937// Ella A. McGrain/ nee Fitzpatrick/
       died Jan. 26, 1943
4   RYAN/ 1861 William J. 1894// 1842 John F. 1907// 1842 Bridget 1916 (large
       cross)
5   Catherine/ daughter of/ W. L. & C. E. Burke/ 1879-1915

Row 2b

1   (one stone)
       IHS/ Sacred to the memory of/ Patrick Clinton/ a native of/ County Leitrim,
          Ireland/ who departed this life/ August 29, 1867 aged 50 years/
          May he rest in peace// Bridget Clinton/ died Dec. 29, 1887 aged
          26 years/ Erected by his wife/ Margaret Clinton
       Sacred to the memory of/ Margaret Clinton/ a native of/ County Leitrim,
          Ireland/ who departed this life/ June 29, 1905 aged 70 years/
          May she rest in peace
       James J. Clinton/ son of/ Patrick & Margaret/ Clinton/ died June 5, 1880/
          aged 22 yrs & 9 mos/ May he rest in peace// Ella Clinton/ died
          Aug. 24, 1883 aged 18 years
2   In memory of/ Edward Kelly/ ...?.../ ...?.../ died Oct. 25, 1867// Mary
       Kelly/ died March 1867// NOTE: The church records also show
       names -- Dennis Kelly, Sr. died 10-28-1867, Kate Kelly died
       11-17-1880
3   Rev. Thomas J. Wilson/ priest of the diocese of ...?.../ born October 21,
       1851/ ordained June 24, 1872/ died September 2, 1920/ ...?...
4   Eliza C./ wife of/ J. H. Wilson/ died April 6th 1868/ aged 29 years/ May
       she rest in peace/ Amen
5   Father & Mother/ James H. Wilson/ died April 2, 1880// Mary Urban/ his wife/
       died Feb. 5, 1880
6   Lucia T. R./ daughter of/ James H. and Mary/ Wilson/ Dec. 30, 1877/ March
       28, 1898
7   McGreevy/ Thomas J./ 1851-1931// Catharine / 1856-1928
8   (one stone--large monument)
       To my father/ James Mullen/ born August 6th 1792/ died/ January 4th 1858/
          May he rest in peace
       Margaret E. Cook/ second daughter of/ James & Sarah Mullen/ born/ July 29th
          1828/ died/ November 8th 1861/ May she rest in peace
       Jane Mullen/ third daughter of/ James & Sarah Mullen/ born July 19th 1831/
          died August 19th 1885/ May she rest in peace// Anne C. Gillace/
          first daughter of/ James & Sarah Mullen/ born October 4th 1825/
          died October 4th 1908/ May she rest in peace
       Sarah Cassidy/ fourth daughter of/ James & Sarah Mullen/ born/ March 24, 1833/
          died July 19th 1870/ May she rest in peace
9   In memory of/ Margaret/ wife of/ Daniel Donnally/ December 12, 1873/ aged 75?
       years/ May she rest in peace/ Amen

Row 2b (continued)　　　　　　　　　　　　　　　　Section A

10 Daniel Guidar/ died May 15, 1873/ aged 50 years/ May he rest in peace/ Erected by his sister/ Mary Meehan// Also/ Mary Meehan/ born Sept. 3, 1810/ died Sept. 26, 1883/ R.I.P./ Natives of Co. Tipperary/ Ireland
11 KELLY (curbstone)
　　a. Mother/ Mary A./ 1862-1932/ R.I.P.
　　b. Father/ Michael H./ 1858-1918/ R.I.P.
12 Patrick Brennan/ died/ Aug. 16, 1902/ May he rest in peace
13 Lawrence Donnelly/ died/ July 17, 1915/ aged 66 years
14 Richard F. Ray/ 1874-1914// Helen V. Ray/ 1902-1918

Row 3a

1 DOWD/ Michael/ 1828-1893// Mary 1837-1909// Thomas/ 1856-1887// Josephine/ 1871-1926
2 KILROY (curbstone)
　　a. Patrick/ beloved husband of/ Julia Wilson?/ died Sept. 6, 1906/ aged 77 years/ Rest in peace
　　b. Julia/ beloved wife of/ Patrick Kilroy/ died March 29, 1905/ aged 79 years/ Rest in peace
3 In memory of/ Mary Josephine/ daughter of/ Joseph & Josephine/ Camp/ born April 15, 1871/ died July 27, 1895// Joseph Camp/ born April 23, 1868/ died Sept. 27, 1868/ May they rest in peace
4 Sacred to the memory of/ Patrick Morris/ a native of/ Co. Galway, Ireland/ died Jan. 23, 1876/ aged 46 yrs & 31 days/ May he rest in peace
5 In memory of/ our mother/ Rebecca M. Fallon/ wife of/ Daniel J. Fallon/ born Dec. 22, 1846/ died May 24, 1897/ in the 51st year/ of her age/ (verse illegible) (footstone) R.M.F.
6 In memory of/ my husband/ Daniel J. Fallon/ born June 1838/ died Oct. 11, 1891/ in the 53rd year/ of his age/ (verse illegible) (footstone) D.J.F.
7 Eddie/ son of/ Daniel & Becky M./ Fallon/ aged 1 year & 7 days/ (verse illegible)/ (no date given) NOTE: The church records show date of death for Eddie 8-22-1869
8 FALLON/ D. Robert/ July 31, 1874/ Nov. 11, 1947// S. Neta/ June 15, 1880/ ---?---
9 In memory of Catherine Tanian/ died Aug. 17, 1856// Also her sister/ Mary/ died Jan. 6, 1905/ Natives of Castlehaclea?/ Co. Galway, Ireland/ May they rest in peace

Row 3b

1 In memory of/ ...?.../ James Matkins Johnston/ born/ Feb. 3, 1857 (or 1852)/ died Sept. 9, 1896
2 Thomas Gordon/ died/ Feb. 9, 1896// His beloved wife/ Annie/ died/ Nov. 15, 1908/ Asleep in Jesus blessed sleep
3 (top broken off) Matthew Lynch/ died July 9, 1869// Mary Lynch/ died Dec. 9, 1888// Bridget Lynch/ died Apr. 20, 1907
4 Margaret Coote/ born in Ireland/ died/ Dec. 17, 1916/ aged 72 years
5 Annie Gallan/ born at Carrickmacross/ Co. Monaghan, Ireland/ died May 18, 1897/ aged 78 years
6 Erected to/ the memory of/ Bernard Gallan/ by Margaret Coote
7 Helen/ beloved daughter of/ Edward & Carrie/ Bilzer/ born/ Feb. 13, 1898/ died/ Nov. 25, 1902
8 DONOVAN/ Patrick/ 1844-1914// Bridget/ 1852-1897// Patrick II/ 1884-1951

Row 4a   Section A

1   LACEY/ William Lacey/ a native of Co. Wexford, Ireland/ died/ July 22, 1908/ aged 77 years/ Rest in peace
2   In memory/ Margaret/ wife of/ William Lacey/ died/ Oct. 6, 1876/ aged 41 years// Also their son/ William John/ died/ June 22, 1871/ aged 13 months
3   In memory of/ Catherine McCrain/ born in Co. Meath/ Ireland/ died Nov. 4, 1869 (more names on the stone but the stone has sunk and cannot be read)
4   In memory of/ Michael Cooper/ a native of/ Co. Waterford, Ireland/ died June 10, 1889// Also his wife (stone has sunk)
5   Timothy O'Donovan/ a native of the County of Cork/ Parish of Desertserges, near Baudon/ Ireland/ who departed this life/ April 18, 1872/ aged 64 years/ May he rest in peace. Amen
6   PARENTS/ Thomas Burke/ died Dec. 22, 1883/ aged 45 years// Ellen Burke/ died Dec. 21, 1895/ aged 56 years// Also their children/ Catherine and John Burke/ (footstones) E.B.// T.B.// C.B.// J.B.
7   JORDEN (curbstone)
    a. Sacred/ to the memory of/ John J. Jorden/ who died/ October 16, 1876/ May he rest in peace (top of stone broken and gone)
    b. In memory of our beloved parents/ Robert Willis/ died June 26, 1900/ age 85 years// His wife/ Ann/ died Sept. 29, 1897/ age 60 years/ Rest in peace
8   Rose McGee/ beloved wife of ...?.../ died Feb. 14, 1903/ native of/ Co. South...?..., Ireland// Thomas J./ son of (stone broken)...?.../ & Rose L...?.../ born April 11, 1853/ died J...?... J...?... 18, 1856/ Rest

Row 4b

1   Mother/ In memory of/ Susan/ beloved wife of/ James Considine/ Native of Co. Down, Ireland/ died Jan. 1, 1918/ aged 85 years/ Rest in peace
2   Father/ In memory of/ James/ beloved husband of/ Susan Considine/ A native of/ Co. Limerick, Ireland/ died Sept. 11, 1906/ aged 85 years// Bridget Agnes Considine/ died June 20, 1870/ aged 2 years/ Rest in peace
3   In memory of/ Joseph Considine/ A native/ of the/ Co. Limerick/ Ireland died Nov. 12, 1869/ aged 27 years (or 22 years)
4   Patrick Bowes/ died Jan. 11, 1870/ aged 34 years/ Mary Bowes/ died Dec. 18, 1906/ aged 78 years
5   In memory of/ Mary A. Bowes/ born/ October 22, 1857/ died/ February 17, 1913/ Rest in peace
6   In memory of/ Mary Fay/ wife of Lawrence Fay/ died Feb. 13, 1877/ aged 28 years/ May she rest in peace
7   Mother/ In memory of/ Mary A. Hamill/ died Jan. 14, 1894/ aged 72 years/ born in Co. Tipperary/ Ireland/ R.I.P.
8   (one stone)
    Sacred to the memory of/ Mary Ann Hamill/ departed this life/ July 23, 1882/ aged 18 years/ May she rest in peace
    Anne E. Hamill/ June 25, 1865/ Apr. 12, 1900
9   (fallen stone -- face down)
10 Husband, In memory of/ Chas. Donnelly/ beloved husband of Iones E. Donnelly/ Dec. 25, 1830/ Oct. 12, 1898/ Loved in life in death remembered
11 (tipped and sunken stones) Father/ Richard/ ...?...
12 "   "   "   "   Mother/ Margaret A./ ...?...

Section A

Row 4b (continued)

13 P. KEARNS (curbstone)
    a. KEARNS/ Patrick Kearns/ died July 16, 1900/ age 80 years// Mary Kearns/ died Aug. 2, 1899/ age 72 years/ R.I.P.
14 Susie H./ beloved wife of/ G. P. Shepperd/ & eldest daughter of/ D. C. Gray/ died Dec. 5th 1881/ in the 37th year/ of her age/ (verse)

15 In memory of/ Julia Bloom/ born 1? May? 1817/ died Mar. 15? 1889/ R.I.P.
16 Joseph A. Bauer/ 1835-1921// Mary Elizabeth/ his wife/ 1841-1913

Row 5a

1 Jane Buckley/ died Nov. 21, 1869// Helena M. Clark/ died Oct. 16, 1880
2 Marion C. Clark/ died/ Aug. 12, 1925
3 I.H.S./ Ellen Cole/ wife of/ William Ward/ born Aug. 9, 1826/ died/ Feb. 28, 1892/ Rest in peace
4 I.H.S./ Elizabeth Cole/ born June 15, 1832/ died/ April 5, 1909/ (verse)
5 In memory of/ IHS/ Winnefred/ wife of Patrick Madden/ died 26 March 1879/ aged 34 years/ May she rest in peace
6 Husband/ Patrick McCabe/ 1850-1912// wife/ Mary A./ 1854-1927// son/ James T./ 1877-1927/ Rest in peace/ Son-Father-Mother
7 In memory of/ Amy Elizabeth Johnston/ born near/ Sparta, Ga. Jan. 21, 1858/ died in Baltimore, Md./ March 24, 1885/ "I die a child of the Holy Roman/ Catholic Apostolic Church"
8 In memory of/ Frances Mansfield Johnston/ born at/ Sparta, Ga. April 4, 1829/ died in Baltimore, Md./ February 24, 1897
9 In memory of/ Richard Malcolm Johnston/ born at/ Powelton, Ga. March 8, 1822/ died in Baltimore, Md./ September 23, 1898
10 JOHN D. CLANCEY (curbstone)
    a. In memory of/ Agnes Clancey/ beloved wife of/ John D. Clancey/ died/ Oct. 8, 1884/ age/ 38 years/ May she rest in peace
11 In memory of/ John W. Bamberger/ born/ March 15th 1805/ died/ June 30th 1885
12 MAHER
    a. Daughter/ M..Mildred/ 1900-1974
    b. Father/ William J./ 1868-1932
    c. Mother/ Rose A./ 1870-1937
    d. Husband/ J. Carroll/ 1909-1966
    e. Wife/ Elizabeth/ 1914- ---
    f. Daughter/ Alice M./ 1905- ---
13 Susanne Marie/ McKenna/ daughter of/ James R. & Mary Ann Murphy/ McKenna/ died Nov. 17, 1959

Row 5b

1 In memory of/ James Roche/ A native of Castlebridge/ Co. Wexford, Ireland/ beloved husband of/ Catherine Roche/ died May 7, 1911/ By his children (footstone) J.R.
2 In memory of/ a faithful wife and mother/ Catherine Roche/ A native of Maier, Co. Cavan, Ireland/ died Feb. 23, 1901/ aged 51 years/ (footstone) C.R.
3 CHEATHAM/ L. Wicfall/ born in Edgefield, S.C. 1875/ died in Baltimore, Md. 1925// His wife/ Margaretta Wellmore/ 1882-1974
4 DUFFY (curbstone)
5 Ruth Johnston/ born/ Sparta, Ga. April 26, 1864/ died Baltimore, Md./ Jan. 14, 1943

Row 5b (continued) Section A

6. (one stone)
    Pray for/ Lucian Johnston/ Priest of the Holy Roman Catholic Church/ son of Richard Malcolm Johnston/ and Frances Mansfield Johnston/ born at "Pen Lucy" Baltimore, Md. July 6, 1868/ ordained Rome 1892, died Baltimore, Md. Oct. 21, 1940/ I have fought a good fight, I have kept the faith
    Here rest in the grace of God/ Richard Malcolm Johnston// Frances Mansfield his wife// their children Amy, Effie, Lucian/ a grandchild Malcolm Ward/ Keep them dear Lord in Thy care
7. Effie Johnston Jenkins/ born Sparta, Ga. Jan. 4, 1866/ died Baltimore, Md./ April 3, 1924/ R.I.P.
8. CHRYSTAL/ Anna V.// Bessie// John// Jerome E.// Ellen Jane// Margaret Clark// (no dates)
9. Sacred to the memory of/ Patrick Norton/ June 24, 1840-Oct. 11, 1913// Mary/ his beloved wife/ died Dec. 6, 1921
10. Our beloved son/ Rev. John T. Norton/ died Dec. 14, 1932/ Rest in peace
11. CRONIN (curbstone)
    a. CRONIN/ Sacred/ to the memory of/ Patrick Cronin/ born in Co. Cork, Ireland/ died Oct. 14th 1887/ in his 56th year/ May he rest in peace// Sacred/ to the memory of/ Ellen Cronin/ died March 2, 1886/ aged 59 years/ May she rest in peace

Row 6a

1. Cecelia V. D. Wilson/ born/ Feb. 14, 1855/ died/ Nov. 8, 1948
2. Frank W. Wilson/ born/ July 6, 1851/ died/ Oct. 31, 1929/ beloved husband of Cecelia Duke
3. In memory of/ Emma E./ wife of/ Jas. B. Duke/ born Sept. 27, 1833/ died June 15, 1889/ An exemplary wife/ to the sick an angel/ to orphans a mother/ Reader pray for her soul/ R.I.P.
4. Cecelia B./ daughter of/ J. B. & M. A. Duke/ born/ July 5, 1848/ died/ Nov. 15, 1871/ R.I.P.
5. In memory of/ Francis Mallon/ native of/ ...?.../ Parish of ...?.../ Ireland/ died March 6, 1865?/ in the 72d year/ of his age/ Resident of Baltimore 15 years
6. MALLON & BYRNE (curbstone) (to be continued--see Row 6b)
    a. Ino Francis Mallon/ A native of/ ...?.../ Parish of ...?.../ Ireland/ died March 6, 1867/ in the 73d year/ of his age/ ...?...
    b. (base only--headstone missing)
    c. Bridget A. Byrne/ wife of/ Laurence Byrne/ and daughter of/ Francis & Cath E. Mallon/ died January ...?... 1870/ aged 41? years/ May she rest in peace
    d. Laurence Byrne/ native of the County/ Carlow Ireland/ died April 12, 1876/ aged 48 years/ May he rest in peace
    e. Kate A. Byrne/ daughter of/ Lawrence & Bridget Byrne/ died January 15, 1886/ aged 32 years/ May she rest in peace
7. DONNELLY (curbstone)
    a. In memory of/ Patrick Donnelly/ who departed this life/ June 30, 1899/ in his 84th year/ a native of the county/ Tyrone, Ireland/ beloved husband of/ Julia Donnelly/ May his soul rest in peace/ Amen/ Erected by his wife
    b. In memory of Julia O. C. Donnelly/ wife of/ Patrick Donnelly/ Jan. 1, 1822/ Oct. 16, 1919// Peter F. Donnelly/ died July 16, 1902/ age 37 years// Edward C. Donnelly/ died July 18, 1916/ age 63 years

Row 6a (continued)   Section A

7   DONNELLY (curbstone) (continued)
       c. To our beloved/ Bernard/ born 1 3/8? January 1849/ died 8 June 1871//
          John/ born 16 March 185-?/ died ? February 1868// Margaret/ born
          29 January 185-?/ died 2? June 1862/ children of/ Patrick &
          Julia/ Donnelly
8   FITZPATRICK (curbstone)
9   Sacred to the memory of/ Mary/ wife of James Morgan/ died Nov. 8th 1874/
          aged 52 years/ a native of/ Co. Louth, Ireland/ May she rest in
          peace
10 I. BRADLEY (curbstone)
11 Patrick J. Cooper/ died Aug. 31, 1938// Anna Cooper/ died Feb. 1, 1923//
          Leo J. Cooper/ died Dec. 10, 1963
12 EWING
       a. Father/ John T. Ewing/ 1850-1926
       b. Mother/ Mary T. Ewing/ 1843-1948
13 In memory of/ Richard J. W./ beloved husband of/ Charlotte E. Love/ born
          Aug. 29, 1836/ died April 4, 1913/ Gone but not forgotten
14 QUIGLEY/ Mary E. 1872-1912// James/ 1859-1939

Row 6b

1   Augustin W. Duke/ born/ June 29, 1828/ died June 8, 1904
2   Josephine Victoria/ wife of Augustin W. Duke/ died February 4, 1896
3   J. William/ son of Augustin W. & Josephine/ DUKE/ died June 12, 1891
4   Mary M. Heaps/ beloved wife of/ Capt. John B. Heaps/ born Dec. 30, 1832/
          died Jan. 22, 1908
5   Capt. J. B. Heaps/ died/ March 13, 1895/ aged 80 years
6   Margaret/ wife of/ Capt. J. B. Heaps/ died July 4, 1887/ aged 66 years
7   MALLON & BYRNE (curbstone) (continued--see Row 6a)
       f. Margaret M./ wife of/ Marion Crosby/ born August 25, 1891/ died
          October 24, 1914/ daughter of/ ...?... (sunken in ground)
       g. In memory of/ Mary C./ wife of/ Patrick F. Murphy/ born/ April 11,
          1874/ died/ Nov. 1, 1924/ daughter of/ ...?... (sunken in
          ground)
       h. Mary Jane Kearney/ born Aug. 15, 1839/ died May 19, 1898// Margret
          Mallon/ born May 15, 1831/ died May 22, 1897
       i. Father/ Martin G./ beloved husband of/ Catherine E.? Byrne/ born/
          March 31, 1856/ died/ Jan. 3, 1892
       j. Catherine Byrne/ 1852-1940
8   Wright/ John J./ 1851-1922// Ann/ 1848-1927// James G. 1893-1917
9   DILLEHUNT (curbstone)
10 RILEY-GLADFELTER/ Father/ Owen E.// Mother/ Anna (footstone) Husband/
          Edwin L./ 1870-1933// Wife/ Mary E.
11 Mary Helen/ daughter of/ John & Margaret Rossiter/ died June 9, 1871/ aged
          1 yr 10 mos & 3 days
12 Cornelius L. Crowe/ A native of the/ Co. Wexford, Ireland/ died August 8,
          1886/ aged 43 years// Theresa J./ daughter of/ Kate and the
          late/ Cornelius L. Crowe/ died October 25, 1886 aged 10 years
13 Nicholas P. Malone/ A native of Co. Wexford, Ireland, died Oct. 26, 1886/
          aged 31 years// William/ born January 28, 1884, died June 5,
          1884// John/ born January 28, 1884/ died June 14, 1884/ children
          of Agnes and the late/ Nicholas P. Malone/ May their souls rest
          in peace

Row 6b (continued)　　　　　　　　　　　　　　　　Section A

14　In memory of/ Patrick Kimmitt, died Dec. 14, 1878/ in the 34th year of his age/ A native of the county/ Sligo, Ireland/ Erected by his wife
15　Charles DeBaugh/ Co. L...?...
16　Charles Raymond DeBaugh/ 1877-1901
17　Oliver Phillip DeBaugh/ 1874-1960
18　Burke/ William T./ 1863-1908// Mary W./ 1871-1921
19　Walter B. King/ born Nov. 20, 1820/ died Oct. 2, 1890/ (verse)
20　Charlotte C./ beloved wife of/ Walter B. King/ born Nov. 19, 1821/ died Mar. 27, 1900/ (verse)
21　Charles McShane/ born June 2, 1833/ died July 9, 1912/ Requiescat in pace

Row 7a and 7b

1　JAMES DUFFY (curbstone)
　　DUFFY (very tall monument)
　　　Immaculate Mother/ pray for him/ Sacred to the memory/ of/ James Duffy/ who died June 24, 1876/ aged 45 years, a native of/ Coolderry, Co. Monaghan, Ireland/ Requiescat in pace
　　　Kate/ Mar. 18th 1866// Thomas B./ Nov. 20, 1870// Alice/ 1872 age 10 mos/ children of James & Kate Duffy
　　　James Mary Joseph/ son of James A. & Catherine Duffy/ born Dec. 7, 1873/ died Jan. 14, 1892/ (verse-illegible)
　　　Sacred to the memory/ of/ Catherine Duffy/ who died September 30th 1911/ aged 78 years/ a native of/ Borrisoleigh, Co. Tipperary/ Ireland/ Requiescat in pace
　　　(footstones) K.T.A.// Father// James// Mother
　　a. REINHARDT
　　　Philomena/ 1868-1931// William/ 1865-1937
　　　Bessie K./ 1893-1953// Helen M./ Oct. 17, 1902/ Oct. 4, 1974// William 3rd/ died/ Dec. 27, 1930/ Mary Eileen/ died/ May 16, 1961
2　FITZPATRICK (curbstone)
3　Elizabeth A. Shields/ died/ Feb. 9, 1928/ Requiescat in pace
4　FATHER-MOTHER/ To the memory of/ our parents/ Thomas Clark// Catherine Clark/ May they rest in peace
5　In memory of/ Mary Clark/ native of Co. Galway/ Ireland/ died Aug. 6, 1908/ aged 77 years/ May she rest in peace
6　John Adam/ died February 8, 1872/ aged 79 years// and Elizabeth his wife/ died March 14, 1851/ aged 48 years/ Eternal rest give to them, O Lord
7　In memory of/ I.H.S./ Aloysius M. Adam/ born 13 Aug. 1884/ died 18--? (stone sunken)
8　NOLAN (curbstone)
　　Of your charity/ pray for the soul of/ Eliza/ second daughter of John & Ellen Nolan/ she died January 29, 1877/ aged 25 years/ There are souls of the just whose beauty is unknown/ to the world, where God is forgot but their names are written in letters of gold/ by Him who forgets them not
　　Michael J. Nolan/ died/ Oct. 21, 1886/ age 50 years/ R.I.P.
　　Mary A. Nolan/ died/ Aug. 27, 1906/ age 70 yrs// Patrick A. Nolan/ died Jan. 13, 1904/ age 65 yrs/ R.I.P.
　　John Nolan/ died/ June 8, 1885/ aged 75 years// Ellen Nolan/ died/ Nov. 5, 1892/ age 80 yrs/ R.I.P.

Row 7a and 7b (continued)   Section A

9. O'KANE (curbstone)
   In memory of/ Elizabeth O'Kane/ a native of Co. Armagh/ Ireland/ died April 25, 1888/ aged 55 years/ May she rest in peace/ angels ever bright and fair/ ...?... in your care// Also her sister/ Catherine O'Kane/ died Feb. 1895/ May she rest in peace (footstone) E.O'K.// C.O'K.
10. (a large momment overturned--with reading side down)
11. TUNNEY (curbstone)
    In memory of/ Mrs. Mary Ann Tunney/ a native of/ Co. Mayo, Ireland/ died Oct. 2?, 1881/ aged 80 years// Richard D./ died June 30, 1872/ aged 5 mos 6 days// Sarah M./ died Nov. 11, 1877/ aged 10 months/ children of William & Sarah Tunney/ R.I.P.
12. WAHL/ Rodger/ died Dec. 21, 1922// Annie E./ 1841-1917// Frank H./ 1878-1906
13. In memory of/ John Lowery/ ...?...
14. I.H.S./ Sacred/ to the memory of/ Charles McShane/ died Jan. 3, 1861/ aged 77 years/ a native of/ Co. Armagh, Ireland// Also his wife/ Mary/ died July 21, 1873/ aged 73 years/ R.I.P.
15. (broken base--no headstone)
16. Memoriam/ John Moore/ died Sept. 28, 1879/ aged 59 years/ May he rest in peace// Elizabeth/ beloved wife of John Moore/ died Oct. 31, 1896/ aged 67 years/ May she rest in peace
17. Lucy S. Moore/ died March 7, 1937/ R.I.P.
18. In memory of Patrick Quirk/ died Sept. 23, 1886/ aged 52 years// Catherine Quirk/ died May 11, 1887/ aged 45 years/ natives of the Co. Wexford, Ireland/ Rest in peace
19. In memory of/ Martin Doyle/ died June 10, 1914/ aged 65 years// Mary Kane/ died Dec. 30, 1882/ aged 35 years// Mary A. Curtis/ died Sept. 22, 1908/ aged 60 years/ beloved wives of Martin Doyle/ Rest in peace (footstones) Father// Mother// M.A.C.D.
20. In memory of/ John/ beloved/ husband of/ Mary Donnelly/ native of Co. Wexford, Ireland/ died April 14, 1898/ aged 57 years/ May he rest in peace// His wife Mary/ died Feb. 8, 1918/ R.I.P.
21. FINN
    Sarah J./ beloved wife of/ Matthew Finn/ died/ Dec. 29, 1915/ aged 82 years/ Matthew Finn/ husband of Sarah Finn/ born 1832/ in Co. Tipperary, Ireland/ died June 1st, 1905/ May he R.I.P.
22. Sacred to the memory of/ Mary A./ beloved daughter of/ Annie and the late Patrick Lacey/ died Sept. 22, 1885/ aged 29 years/ May her soul rest in peace, Amen/ (verse)
23. Patrick Lacey/ died Aug. 4, 1868/ aged 30 years// Annie Lacey/ died July 1, 1906/ aged 74 years// Also their children/ Margaret & Nicholas Lacey/ Rest in peace
24. Sacred to the memory of/ David M. J./ beloved son of/ Annie and the late Patrick Lacey/ died March 17, 1894/ aged 31 years & 6 mos/ May he rest in peace (verse--illegible)
25. Katherine McCourt/ native of Ireland/ died Jan. 8, 1896/ aged 76 years/ wife of/ James McCourt/ widow of/ Edward Halligan
26. James McCourt/ native of Ireland/ died Jan. 2, 1894/ age 76 years/ husband of Bessie & Katherine McCourt
27. MAHER/ Edward/ 1841-1910// Margaret/ 1840-1912// Annie T./ 1867-1941// Margaret C./ 1872-1942
28. KELLY (curbstone)
    In memory of/ Edward F. Kelly/ died April 7, 1900/ aged 57 years/ May his soul R.I.P.

Row 8a and 8b   Section A

1. (one stone)
    Sacred/ to the memory of/ Michael J. Dowling/ died July 18, 1873/ in the 34th year of his age
    Sacred/ to the memory of/ Richard Dowling/ died Jan. 28, 1857/ in the 64th year of his age
    Sacred/ to the memory of/ Margaret Adams/ died July 2, 1862/ in the 65th year of his age
2. THOS O'NEILL
    IHS/ In memory of/ Honor/ wife of John O'Neill/ died Oct. 29, 1862/ in the 66th year/ of her age// John O'Neill/ died Feb. 25, 1868/ in the 70th year of his age// Thomas A./ beloved son of Thos & Rebecca/ O'Neill/ died Aug. 27, 1877/ aged 11 mos & 9 days// Mary/ beloved daughter of/ Thos & Rebecca O'Neill/ died April 6, 1878/ aged 6 mos & 7 days
    In memory of Thomas O'Neill/ died Dec. 18th, 1842/ in the 53rd year/ of his age// John Caton/ died April 24th 1847/ in the 52nd year/ of his age// Thomas A./ beloved husband of/ Rebecca O'Neill/ died Nov. 13, 1891/ aged 64 years/ May he rest in peace. Amen
    In memory of/ Mary O'Neill/ died Jan. 31st, 1856/ in the 19th year/ of her age// Henry O'Neill/ died Jan. 1st, 1859/ in the 26th year/ of his age// Patrick O'Neill/ died April 11th, 1865/ in the 38th year/ of his age. May they rest in peace
3. Catherine M. A./ wife of/ John J. McShane/ died May 2, 1859/ in the 27th year/ of her age/ Rest in peace// Also their children/ Joseph aged 18 mos.// Josephine aged 19 mos.// John Henry/ aged 7 mos./ Erected by/ John J. McShane
4. J. F. SHEEHAN
    IHS/ In the memory of/ George Sheehan/ died April 25th 1851/ in the 37th year/ of his age// John F. Sheehan/ died Aug. 7th 1869/ in the 27th year/ of his age/ May they rest in peace. Amen
    IHS/ Sacred to the memory of/ Catherine/ beloved wife of/ John Bennett/ who departed this life/ January 6th 1875/ in the 76th year of her age/ May she rest in peace. Amen
5. Sacred/ to the memory of/ John W. McCaffrey/ who departed this life/ April 13th 1848/ in the 21st year of his age/ (verse--illegible)
6. In memory of/ Francis H. McCaffrey/ departed this life Jan. 15th 1866/ lived 36 years
7. In memory of/ Neal McCaffrey/ who departed this life/ Aug. 16th 1831, aged 32? years// Also his wife/ Mary McCaffrey/ who departed this life/ April 6, 1872/ aged 78 years
8. In memory of/ Mary Sinnott/ a native of/ Co. Kildare, Ireland/ beloved wife of Stephen Sinnott/ died July 29, 1901 (or 1904)/ aged 66 years// Stephen Sinnott/ a native of Co. Wexford, Ireland/ born 1830/ died Dec. 12, 1882/ Rest in peace
9. (headstone--face down)
10. JAS BOYD (curbstone)
    BOYD/ Father-Mother/ and/ Sister
11. MOONEY
    Patrick Mooney/ died Dec. 31, 1886/ aged 85 years/ a native of County Armagh/ Ireland/ for 56 years a resident of/ Baltimore City/ R.I.P.
    Thomas Mooney/ died Nov. 22nd? 1816?/ aged 74 years// Susan Mooney/ died July 27, 1830, aged 59 years// Also their daughters Elizabeth Dailey/ Ann McGurgan?/ R.I.P.
12. (headstone--face down)
13. Hugh Edward Derry/ departed this life/ December 20, 1853/ aged 25 yrs 2 mos & 5 days/ Requiescat in pace/ (verse)

Row 8a and 8b (continued)   Section A

14 In memory of/ John Martin/ a native of Loughrea?, Co. Galway, Ireland/ died
      Sept. 12, 1872/ aged 64 years
15 MARTIN/ Catherine B./ Mar. 30, 1882-Dec. 7, 1924// Joseph B./ Feb. 18, 1880-
      Dec. 6, 1931
16 (headstone--face down)
17 Erected by Tho? Landrigan/ in memory of/ his beloved wife/ Mary/ a native of
      the Parish of Ballyimood?/ Co. Fermanagh, Ireland/ died 24 March
      1864/ aged 63 years/ R.I.P.
18 William E. Broderick/ died May 29, 1904// Ellen J. Broderick/ died Nov. 15,
      1879
19 Patrick/ beloved husband of/ Ellen McGeeney/ died/ Oct. 21, 1911/ aged 74
      years/ May his soul rest in peace (footstone) P.McG
20 Ellen/ beloved wife of/ Patrick McGeeney/ died/ Aug. 1, 1896/ aged 60 years/
      May her soul rest in peace/ Erected by her children (footstone)
      E.McG
21 Nellie/ daughter of/ James M. & Kate McGeeney/ died Feb. 15, 1892/ aged 10
      years 1 mo & 21 days/ Thy Kingdom Come
22 BROWN/ Paul C./ Dec. 7, 1902/ Mar. 30, 1967
23 To my beloved husband/ Bernard McGinnity/ a native of Co. Cavan, Ireland/
      died July 19, 1875/ in the 58th year of his age/ R.I.P.
24 In memory of/ Mary Teresa/ ...?... daughter of/ Robert C. & Fannie R. Brown/
      died July 18th 1891/ aged/ 2 years & 6 months
25 Bessie M./ beloved daughter of/ Joseph & Mary F. Rourke/ born Dec. 28, 1887/
      died July 3, 1889
26 ROURKE
      Joseph Rourke/ Feb. 1, 1860/ July 8, 1912// Mary Rourke/ Jan. 6, 1865/
        Aug. 24, 1945
      Joseph E. Rourke/ April 7, 1894/ Oct. 16, 1896
27 Joseph O'Brien/ 1838-1917// Eliza O'Brien 1845-1925// Edward J. O'Brien/
      1879-1906
28 In memory of/ Maggie/ daughter of/ Joseph & Eliza O'Brien/ died Jan. 3, 1893/
      aged 18 yrs & 11 mos/ May she rest in peace (footstone) M.O'B.
29 In memory of my beloved husband/ John Kane/ born in/ Co. Roscommon, Ireland/
      died Nov. 13, 1884/ aged 65 years// Mary Kane/ his wife/ born in
      Co. Galway, Ireland/ died Dec. 31, 1892/ aged 65 years// and
      their daughter/ Isabella/ died Aug. 31, 1828? aged 18 years/ May
      they rest in peace
30 FALLON (curbstone)
      Bernard Fallon/ died April 15, 1891/ aged 56 years// Also his wife Arabella
        Fallon/ died June 19, 1906/ aged 66 years/ R.I.P. (footstone) B.F.
      Dominick Fallon/ born in the/ Parish of Kelliag...?..., Co. Galway/ Ire-
        land/ died July 26th, 1877/ aged 76 years// Also his wife/ Cath-
        arine/ died April 20th, 1885/ aged 87 years/ R.I.P. (footstone)
        D.F.
      Mary wife of/ William Burke/ born in the/ Parish of Tig...?..., Co. Galway/
        Ireland/ died April 22, 1885/ aged 70 years/ R.I.P. (footstone)
        M.B.
        a. Rose A. McDonald/ wife of/ Thos. McDonald/ July 12, 1856
31 O'CONNELL/ Dennis 1826-1876// Mary A. 1828-1905// Mary E. 1857-1941
32 LIVINGSTONE
      Annie Livingstone/ born Mar. 4, 1855/ died Mar. 20, 1914/ R.I.P.// William
        F. Kates/ born July 15, 1864/ died Nov. 18, 1897/ R.I.P.// Sacred
        to the memory of/ our beloved/ mother/ Mary Kates/ beloved wife
        of George W. Kates/ died Oct. 5, 1916/ May she rest in peace
      In memory of/ Wm. Livingstone/ died Sept. 7, 1890/ aged 75 years/ a native
        of the Co. Wicklow, Ireland/ May he rest in peace

Row 8a and 8b (continued)					Section A

32	LIVINGSTONE (continued)
	Sacred to the memory of/ my beloved husband/ John Leo Livingstone/ died November 18, 1868/ aged 35 years/ May his soul rest in peace
	In memory of/ Margaret/ wife of/ Wm. Livingstone/ died Nov. 7, 1886/ aged 72 years/ a native of the Co./ Wicklow, Ireland/ May she rest in peace
33	HARNEY (curbstone)
34	TICE (curbstone)
	TICE
		In memory of/ Sarah A./ beloved wife of/ Benjamin A. Tice/ born/ July 3, 1839/ died/ May 8, 1918/ aged 78 years/ R.I.P.
		In memory of/ Benjamin A. Jr./ beloved husband of/ Rachel Tice/ born/ June 17, 1869/ died/ Nov. 2, 1912./ R.I.P.
		In memory of/ Benjamin A./ beloved husband of/ Sarah A. Tice/ born/ Sept. 23, 1837/ died/ Sept. 11, 1908/ aged 71 years/ R.I.P.
		Mother/ Rachel G. Tice/ Dec. 15, 1872/ Feb. 3, 1960
35	In remembrance of/ Jeremiah/ beloved/ husband of/ Agnes C. Harris/ Oct. 12, 1866/ Sept. 9, 1919

Row 9a and 9b

1	Mary Wiedefel/ beloved wife of/ Francis D? Wiedefel/ born/ Jan. 2, 1820/ died March 22, 1899/ Rest in peace
2	In loving memory/ John T. Broderick/ born/ Oct. 21, 1834/ died June 23, 1882
3	(one stone)
		Harry E./ born/ Feb.? 5? 1864?/ died/ March 1868// Joseph B./ born/ May 9, 1871?/ died/ June 12, 1872
		Edward/ born/ Sept. 2? 1875/ died/ June 27, 1876// Sadie/ born May 24, 1877/ died April 1, 1880
		Beloved children of/ Sarah T. B. & John T./ Broderick// William P./ born Oct. 17, 1862/ died/ July 14, 1863
4	(one stone)
		Harvey W./ Lathrop/ born/ January 7, 1820/ died July 6, 1881
		Annie Harvey Lathrop/ 1871-1937
		M. Lucy/ second daughter of H. W. & Annie/ Lathrop/ born March 22, 1868/ died November 3, 1884
		M. Kinsley/ born Oct. 5, 1849/ died February 6, 1937
		A. Kinsley/ wife of H. W. Lathrop/ born Nov. 18, 1841/ died July 12, 1890
5	(one stone)
		SMITH/ 1898-Estella-1925
		Hannah ROACH/ 1862-1943
6	CASSIDY (curbstone)
	J. J. McCANN
		In memory of/ Julia E./ beloved wife of J. J. McCann/ born April 7, 1816/ died Aug. 27, 1894 (footstone) Lily/ eldest daughter of J. J. McCann/ aged 8 years
		Frank D. Cassidy/ 1875-1910// Robert V. Cassidy/ 1849-1916
		Catharine/ wife of Capt. John Cassidy/ born/ May 12th 1812/ died/ March 22nd 1872// Capt. Francis/ son of J. & C. Cassidy/ born/ March 2nd 1839/ died/ Aug. 21st 1872
7	WARD (curbstone)
	JOHN WARD
		Sacred to the memory of/ John Ward/ a native of the Parish of Saint Johns, Co. of Roscommon, Ireland/ who departed this life/ on the 24th day of Aug. 1877 in the 44th year of his age. May his soul rest in peace. Amen

Section A

Row 9a and 9b (continued)

7   WARD (curbstone) (continued)
    JOHN WARD (continued)
        Sacred to the memory of/ Martin Ward/ a native of the Parish of Saint Johns, Co. of Roscommon/ Ireland/ who departed this life/ on the 5th day of January 1883/ in the 54th year of his age/ May his soul rest in peace
        Mary A. Flynn/ died Nov. 19, 1920// Catherine Flynn/ died Oct. 28, 1985
        Sacred to the memory of Owen Ward/ a native of the Parish of Saint Johns, Co. of Roscommon, Ireland/ who departed this life/ on the 24th of Oct. 1871/ in the 86th year of his age// Margaret Ward/ wife of John Flynn/ died March 16, 1899/ aged 64 years/ Rest in peace

8   FOLEY (curbstone)
    FOLEY
        In memory of/ John T. Foley/ died May 26, 1907/ aged 55 years// Bridget J. Foley/ died March 5, 1905/ aged 60 years
        In memory of/ Patrick Foley/ died May 25, 1891/ aged 83 years// Also/ his beloved wife/ Margaret Foley/ died May 3, 1874/ aged 51 years
        In memory of/ Mary Delaney/ died Jan. 2, 1892/ aged 70 years// Eliza T. Foley/ died May 2, 1919/ May she rest in peace

9   FISHER (curbstone)
    Molyneaux J. Fisher/ 1831-1914// Bessie Kearney Fisher/ 1835-1914// grandson/ Edgar/ 1903-1906
    John M. Fisher/ died June 21, 1942// Mary M. Sinnott/ died Sept. 4, 1946// Anna G. Fisher/ died June 8, 1947

10 S. J. ROCHE (curbstone)
    ROCHE/ Sylvester J. Roche/ 1859-1907

11 (curbstone--grass overgrown--name not visible)

12 In memory of/ Mamie E./ daughter of S. J. & J. Roche/ died Aug. 16, 1888/ aged 4 years & 7 mos

13 Beloved son of/ Eliza Lacey/ born/ June 21, 1879/ died/ May 15, 1891

14 Eliza/ beloved wife of/ William Lacey/ died/ May 28, 1910/ aged 67 years/ LACEY

15 Our mother/ Elizabeth A. Pindell/ born Nov. 10, 1813/ died Feb. 28, 1885/ At rest

16 Francis B. Pindell/ April 11, 1888/ May 26, 1912// Bernard B. Pindell/ Feb. 26, 1884// Elizabeth A. Pindell/ April 23, 1859/ Sept. 23, 1915// George B. Pindell/ March 2, 1863

17 Margaret/ born April 14, 1891/ died Jan. 18, 1899/ Robert/ born Feb. 8, 1893/ died Feb. 16, 1893

18 Robert J. Bauer/ 1864-1926// Barbara E. Gerben 1864-1946// Mary C. Gerben/ beloved wife of/ Robert J. Bauer/ Nov. 12, 1866-Mar. 9, 1917

19 Susan/ daughter of Joseph and Jeanne/ Palmisano/ March 11, 1954-March 13, 1954

20 Alphonsus S. Sindall/ April 15, 1922
21 Mary J. Sindall/ June 23, 1923
22 Pheobe Rust (no dates given)

Row 10a and 10b

1   GALLAGHER (curbstone)

Row 10a and 10b   Section A

1 GALLAGHER (curbstone) (continued)
       GALLAGHER
           In memory of/ Patrick Gallagher/ died Dec. 15, 1891/ aged 59 years/
               Requiescat in pace// His wife/ Margaret Gallagher/ died July 6,
               1910/ aged 76 years/ Requiescat in pace
           Francis P. K. Gallagher/ died/ Oct. 16, 1884/ aged 20 years//
               Margaret A. Gallagher/ died/ Aug. 21, 1868/ aged 2 years//
               Hugh J. Gallagher/ died July 10, 1929/ aged 61 years
           Hugh J. Gallagher, Jr./ died June 6, 1968/ aged 54 years// My
               beloved mother/ Elizabeth H. Gallagher/ Jan. 4, 1966
2 BROWN/ Brother/ Leo J./ 1895-1945// Father/ Hugh J./ 1857-1912// Mother/
       Mary A./ 1858-1943// Brother/ Carrol V./ 1893-1947
3 PATRICK MURRAY (curbstone)
       QUENEY
           In memory of/ Patrick/ beloved husband of/ Mary Murray/ died Jan.
               17, 1913/ aged 85 years/ May he rest in peace
           In memory of/ Margaret Queney/ youngest beloved daughter of/ John
               and Bridget Queney/ died April 6, 1899/ aged 47 years/ May she
               rest in peace/ Erected by her sisters
           In memory of/ Mary/ beloved wife of/ Patrick Murray/ died Aug. 10,
               1909/ aged 73years/ May she rest in peace
4 (double stone--top missing--no inscription)
5 LACEY/ Mother/ Mary/ beloved wife of/ John Lacey/ died Nov. 28, 1917/ aged
       86 years/ Rest in peace
6 Dennis Cunningham/ died July 23, 1887// Catherine/ his wife/ died May 5,
       1904// Bridget Milholland/ her sister// Rest
7 SHANKLIN (curbstone)
       a. W. Jefferson/ 1878-1891
       b. Joseph W./ 1883-1914
       c. DeMain/ Jeannette C./ 1873-1927
       d. Ann Eliza/ 1845-1884
       e. Arthur W./ 1839-1919
       f. Ida M./ 1869-1887
8 EMERY/ IHS/ Ernest W./ beloved husband of Alice E. Garvey/ Sept. 15, 1858-
       March 29, 1914// Alice E. Emery/ July 8, 1864-Dec. 18, 1943//
       Ernest W., Jr./ March 14, 1897-Sept. 30, 1918// Albert J./ Oct.
       31, 1899-March 18, 1907// R.I.P.
9 CAMPBELL
       a. Catherine Bennett/ Campbell/ 1834-1924
       b. Peter Campbell/ 1833-1872
       c. Margaret M. Campbell/ 1869-1907
       d. Catherine Virginia/ Reinhardt/ 1899-1919
       e. Thomas Bennett
       f. Patrick Campbell
10 (one stone)
       Sons of/ John & Philomena/ Fitzgerald// John T./ aged 25 years// William
           E./ aged 23 years/ Rest in peace
       To my dear/ Mother/ Sarah A./ Carlin/ aged 81 years/ Rest in peace/ ...?...
       In memory of/ John/ beloved husband of/ Philomena E./ Fitzgerald/ died/
           Sept. 18, 1919/ aged 68 years/ Rest in peace
       Philomine E./ Fitzgerald/ died Nov. 6, 1915/ R.I.P.
11 Sacred/ to the memory of/ Martin Wallace/ a native of Parish of Elphim/ Co.
       Roscommon, Ireland/ died 25th May 1873/ in the 70th year of his age/ May
           his soul rest in peace/ Amen/ Erected by his wife/ Catherine
           Wallace

Row 10a and 10b (continued)   Section A

12 KLUG
    a. William J. Klug/ 1843-1913 Father
    b. Appolonia A. Klug/ 1851-1915 Mother
    c. Dorothy M.
    d. Cecilias D.
    e. Rosalie A.
13 ED. J. McCANN (curbstone)
    McCANN
        Edw. J. McCann/ born Sept. 12, 1849/ died Aug. 28, 1904/ Margaret
           McCann/ born Jan. 31, 1856/ died Mar. 10, 1919
        Edward J. McCann/ born June 4, 1882/ died Jan. 11, 1944/ Margaret
           McCann/ born 3/20/1912/ died Nov. 24, 1914
        Mamie E. Roach/ nee McCann/ born Sept. 17, 1883/ died Dec. 27, 1958
        John McCann/ born Feb. 9, 1881/ died March 10, 1883// William McCann/
           born May 19, 1893/ died Aug. 7, 1893// James McCann/ born Nov. 3,
           1896/ died July 3, 1908// Catherine McCann/ born Oct. 19, 1891/
           died July 15, 1910
14 GUTRIDGE/ Samuel P./ 1880-1950// Margaret C./ 1885-1951
15 Sacred to the memory of/ Mary A. ...?... (stone sunken)
16 Wm. T. Cooke/ Sept. 15, 1868/ Feb. 21, 1916/ Rest in peace
17 GILLESPIE/ In memory of/ Sallie B./ wife of/ Walter S. Gillespie/ born/
        Sept. 7, 1863/ died Aug. 8th 1893// Our son/ Howard/ born/ Aug.
        19, 1892/ died/ March 11th 1893 (footstone) H.A.G.
18 James B. Shannon/ 1867-1928//In memory of/ Derissa C. Shannon/ 1841-1911/
        Asleep in Jesus
19 WYNIGER/ Josephine/ Dec. 20, 1823/ July 10, 1902/ Grandmother// Mina V. R./
        April 24, 1866/ May 22, 1918/ Mother
    a. Joseph Wyniger/ 1884-1928
20 J. F. SINDALL
    a. Father/ Joshua F. Sindall/ died June 3, 1917
    b. Mother/ Sophie T. Sindall/ died Dec. 19, 1921
    c. Daughter/ Mary A. Swartwout/ died Jan. 14, 1950
    d. Son/ Alphonsus J. Sindall/ died Nov. 20, 1943
    e. Daughter/ Anne S. Nagle/ died Aug. 8, 1971

Row 1   Section B

1 In memory of/ Ellen O'Connor/ born April 6?, 1857/ age 1 yr 9 mo// Denis/
       born March 7, 1857/ age 9 mo// Mary Ellen/ born Jan. 12, 1860/
       age 2 yrs// Thomas/ born May 2, 1862/ age 3? yrs 2 mo// George
       F?/ born April 20, 1855/ age 19? yrs 11 mo/ beloved children of
       Thomas & Mary/ O'CONNOR/ May they rest in peace
2 Catherine Lynn/ died/ June 12, 1912/ May her soul rest/ in peace
3 Madeleine/ Offler/ 1905
4 TOMEK/ Stephen J./ 1915-1974// Helen T. 1912-
5 Yvette/ Andre/ 1903-1960/ daughter

Row 2a

1 DORRIDA/ wife/ Mary E./ March 19, 1865/ April 18, 1912
2 HOLTON/ John Holton/ died/ Dec. 11, 1893/ aged 82 years// Margaret Holton
       (stone sunken)

Row 2a (continued) Section B

3 SHEA
   a. James Shea/ a native of/ Co. Tipperary, Ireland/ died April 16, 1898/ aged 77 years// Catherine/ wife of/ James Shea/ a native of/ Co. Waterford, Ireland/ died Nov. 18, 1883/ aged 57 years
   b. Mary Shea/ aged 4 years// James Shea/ aged 11 mos

Row 2b

1. Edward B? Steuart/ born April 1789/ died June 2, 1878/ May he rest in peace (footstones) E.C.S.// T.O.N.
2. Mary Cassin/ wife of/ Charles Cecilius Steuart/ Aug. 5, 1821/ Nov. 18, 1906/ Rest in peace
3. In memory of/ Catherine Kearns/ born A.D. 1807/ in the Parish of Coolstaff, Co. Wexford/ Ireland/ died June 29, 1873/ May her soul rest in peace/ Amen
4. In memory of/ Edward Kairns/ born May 9, 1830/ died March 22, 1879/ a native of the Co. Wexford/ Ireland// Also his wife/ Annie/ born June 7, 1827/ died Jan. 13, 1903/ Rest in peace/ Amen
5. In memory of/ Michael Hughes/ born/ March 4, 1831/ died/ Nov. 17, 1866/ May he rest in peace/ Erected by his wife
6. In memory of/ John P. Ringgold/ beloved husband of/ Ella M. Ringgold/ born Nov. 24, 1868/ died April 17, 1894/ R.I.P.// and their infant son/ Joseph/ born Dec. 13, 1893/ died Aug. 12, 1894
7. William H. Ringgold/ April 19, 1826/ August 29, 1897// and infant son/ James Hodges Ringgold/ May 17, 1871/ February 27, 1872
8. Anne F. Ringgold/ March 10, 1837/ February 4, 1928
9. Margaret A. Urban/ born May 23, 1825/ died February 15, 1870// Nelson A. Urban/ born January 3, 1859/ died October 17, 1873// J. Lawrence Urban/ born June? 29, 1855/ died December 20, 1878

Row 3a

1. Catharine Sullivan/ born/ May 1827/ died Mar. ...?... 1876
2. Patrick Welsh/ a native of Parish Ballina/ Co. Mayo, Ireland/ died October 1, 1877/ aged 49 years/ 6 mos/ May his soul rest in peace, Amen/ Erected by his wife
3. Bernard Ward/ who departed this life/ June 26th 1874/ in the 37th year of his age/ a native of/ the Co. Roscommon, Ireland/ and for the last 15 years/ a resident of Baltimore, Md.
4. Catharine Ward/ who departed this life/ August 19, 1898/ in the 60th year of her life/ a native of Baltimore County, Md.
5. Sacred/ to the memory of/ Acchilless Ford/ who was born May 16th 1820/ and died August 5th 1842/ (verse--illegible)
6. Sacred/ to the memory of/ Anastasia Ford/ consort of/ Acchilless Ford/ who departed this life/ December 7th 1839/ aged 25 years 2 months and 11 days/ (verse--illegible)
7. In memory of/ Anna Stacy/ daughter of/ ...?... Dames/ born Feb. 7th 1813/ died Sept. 7th 1819
8. Mary Elisabeth?
9. In memory of/ Charles Dames/ beloved son of/ Diana and Augustus Dames/ died July 5? 1855/ in the 15th year of his life/ (verse--illegible)
10. In memory of/ Diana Jacora/ wife of/ Augustus Dames/ died April 7th 1875

Section B

Row 3b

1. Thomas D./ infant son of/ James and Mary Ellis/ born Feb. 8, 1903/ died Aug. 14, 1904
2. (one stone)
    STONE/ Charles A./ 1910-1961// Elenoria E./ 1911-
    DODDY/ Henrietta T./ 1879-1962// John J., Jr./ 1914-1915
3. In memory of/ Catharine, wife of/ William O'Kelly/ and daughter of/ John Stafford/ Co. Wexford, Ireland/ died May 16th, 1862/ aged 31 years// Also/ Mary Ann/ daughter of/ William and Catharine O'Kelly/ died May 24th, 1862/ aged 6 months and 11 days

Row 4a

1. In memory of/ our dear beloved mother/ Bridget/ wife of/ John Queeny/ a native of the Parish Athleage/ Co. Galway, Ireland/ died July 22, 1872/ aged 60 years/ May she rest in peace// In memory of/ John Queeny/ beloved husband of/ Bridget Queeny/ a native of Co. Galway, Ireland/ died Oct. 1, 1891/ aged 86 years/ May he rest in peace
2. ...?.../ John Queeny ...?... (NOTE: The church records show date died 10-3-1881)
3. In memory of John Norton/ died/ Dec. 28th 1858/ aged 61 years// Also his beloved wife/ Mary/ died/ Dec. 20th 1892/ native of Co. Galway/ Ireland/ May they rest in peace
4. In memory of/ I.H.S./ Edward Finn/ born in Borrisoleigh, Co. Tipperary, Ireland/ who died Oct. 19, 1861/ aged 42 years// Also his son/ Patrick/ who died July 16, 1862/ aged 5 months// John/ who died Jan. 26, 1865/ aged 18 months
5. FATHER/ In memory of/ Michael Fahey/ died/ October 7, 1873/ aged 81 years/ Rest in peace
6. In memory of/ Matthew Clancey/ who departed this life/ 8th of March 1852/ aged 28 years/ Erected by his wife/ Malissa Clancey
7. I.H.S./ Sacred to the memory of/ Matthew Clancey/ a native of Aloriva?/ Co. Galway, Ireland/ but for the last 25 years/ a resident of Govanstown/ Baltimore Co., Md./ died April 2nd 1870, in the 60th year of his age/ May he rest in peace, Amen
8. In memory of/ Mary Garity/ a native of Parish of Muaveigh?, Co. Galway, Ireland (stone sunken)
9. In memory of/ Mary/ beloved wife of Matthew Clark/ born 1825/ died Oct. 1, 1886/ a native of Co. Galway/ Ireland/ May she rest in peace
10. In memory of/ Bridget/ born Dec. 10, 1847/ died May 12, 1868// Mary/ born March 25, 1852/ died June 2, 1863// Catherine/ Dec. 2, 1851/ died Sept. 2, 1861/ children of Matthew & Mary Clark/ R.I.P.
11. In memory of/ Matthew Clark/ born 1808/ died Jan. 5, 1890/ a native of Co. Galway/ Ireland/ May he rest in peace
12. John F. Dames/ Feb. 22, 1846/ Dec. 8, 1928// Mary E. Dames/ June 24, 1848/ June 14, 1921

Row 4b

1. In memory of/ Sophia/ wife of/ Joseph Barrett/ died Sept. 11, 1881/ aged 67 years// Also their daughter Mary R. (stone sunken)
2. tombstone leaning against next stone--displaced--maybe top of rectangular tombstone following
3. rectangular tombstone--no name--maybe a broken base

Row 4b (continued)   Section B

4 O'ROURKE/ Patrick// Alice// Frank// John J.// Katie// Alice (no dates)
5 tombstone obliterated--maybe two names, an 1804 or 1864 date
6 Johanna Goldrick/ born/ Aug. 25, 1830/ died Mar. 25, 1868// Jas. W. P.
       Goldrick/ born/ June 21, 1858/ died May 20, 1883 (footstone)
       J.G.// J.W.P.G.
7 WHITEFORD (curbstone)
       WHITEFORD
       Sacred/ to the memory of/ Dr. Chas. R. Whiteford/ born Feb. 12, 1853/
           died Jan. 9, 1883// Also/ Robert A. Whiteford/ born July 22, 1848/
           died Aug. 25, 1888/ May they rest in peace (footstones) C.R.W.//
           R.A.W.
       In memory of/ Dr. Wm. T. G./ beloved son of/ Dr. A. X.-A. C. Whiteford/
           Jan. 19, 1884/ Sept. 8, 1907// In loving remembrance of/ Dr. A. X.
           Whiteford/ who departed this life/ Feb. 28, 1901 aged 51 years/
           R.I.P.// His beloved wife Annie M. C. Whiteford/ who departed this
           life/ February 4, 1934/ R.I.P. (footstones) A.X.W.// W.T.G.W.
       Sacred/ to the memory of/ E. G. Christopher/ died May 8, 1914/ Rest
           in peace// Dr. Lingard I. Whiteford/ died Aug. 2, 1913/ aged 35
           years/ R.I.P. (footstones) L.I.W.
       Garnett E./ son of the late/ James V. and Mary A./ Whiteford/ Aug. 6,
           1885/ Oct. 25, 1905 (footstone)
8 O'DONOVAN/ Peter/ 1847-1890// Ellen Fahey/ 1850-1926
9 John P. Clark/ died March 18, 1912// Sarah Jane Clark/ died April 27, 1916
10 Wm. H. Clark/ Feb. 19, 1835/ May 10, 1907 (footstone) W.H.C.
11 In memory of/ our mother/ Eva M. Clark/ wife of John Clark/ born Mar (or May)
       6, 1800/ died April 15, 1873/ May she rest in peace (footstone)
       E.M.C.
12 In memory of/ John Clark/ born August? 14, 1789/ died March 27, 1861

Row 5a

1 I.H.S./ In memory of/ Eliza Ann Lynch/ ...?... departed this life July 19,
       1856 in 26th? year ...?...
2 In memory of Eliza A. Lynch/ died/ April 15th 1882/ aged 80 years/ R.I.P.
3 In memory of/ Joseph Barbour/ died/ June 2nd 1883/ in the 69th year/ of his
       age/ R.I.P.
4 In memory of my husband/ William H. McDonald/ born/ Jan. 1861/ died Sept.
       27th 1886
5 CROWE
       In memory of/ Miles/ beloved husband of/ Bridget Crowe/ Dec. 10, 1861//
           Bridget/ beloved wife of Miles Crowe/ aged 80? ...?...
       In memory of/ James F. Crowe/ July 7, 1856/ July 10, 1886// Miles H.
           Crowe/ June 12, 1859/ Sept. 10, 1893/ R.I.P.// Margaret Crowe/
           Jan. 28, 1914/ aged 78 years/ R.I.P.
6 IHS/ In memory of/ Margaret/ wife of Thomas ...?.../ Native of ...?... Ireland/
       died March 1808/ aged ...?...
7 MOTHER/ In memory of/ my dear mother/ Cecelia Murray/ born Feb. 6, 1819/ died
       May 20, 1902 (footstone) C.M.
8 HOWE/ Sarah E./ Jan. 8, 1864/ Nov. 20, 1936// Thomas/ Feb. 28, 1861/ Jan. 30,
       1942/ May their souls rest in peace
       a. James B./ son of/ Tho's & Sarah E. Howe/ born Sept. 12, 1896/ died
           April 2, 1908/ R.I.P.
       b. Thomas J./ son of/ Tho's & Sarah E. Howe/ born Nov. 5, 1895/ died
           Aug. 7, 1899/ R.I.P.

Row 5a (continued)   Section B

9   In memory of/ Luke Fields/ died Oct. 15, 1891/ aged 66 years// Elizabeth
     Fields/ died Nov. 13, 1874/ aged 10 yrs// Mary/ beloved wife of/
     Luke Fields/ died Jan. 19, 1907/ May they rest in peace

Row 5b

1   In memory of/ Nicholas Dohony/ a native of/ the Parish of Borriseleigh/ Co.
     Tipperary, Ireland/ died Feb. 13, 1892/ aged 66 years/ May he
     rest in peace. Amen
2   To our father & brother/ Lawrence Dohony/ native of Co. Tipperary/ Ireland/
     died April 16, 1871/ aged 34 years// John Dohony/ died Feb. 5,
     1886/ aged 21 years
3   In memory of/ Thomas Dohony/ who died/ March 14th 1871/ in the 38th year of
     his age/ a native of/ the Parish of Borriseleigh/ Co. Tipperary/
     Ireland/ May he rest in peace
4   J. GOUCHEFH? (curbstone)
5   In memory of/ John Agustus/ died Feb. 28, 1884/ in his 34th year/ youngest
     son of/ Lewis L. & Barbery L./ Barrenger
6   In memory of/ Lewis L. Barrenger, Sr./ died April 5, 1875/ in his 66th year.
7   In memory of/ Alice Barrenger/ wife of John Barrenger, Sr./ who departed
     this life/ 25 Jan. 1851/ in the 87th year of her age/ leaving a
     large family/ with an affectionate/ husband and a large circle/
     of friends to mourn/ their loss/ (verse// John F. Barrenger,
     Sr./ a native of Marsale, France/ born April 17th, 1776/ died
     April 7th, 1866/ aged 89 years 11 mo 13 days/ one of the defend-
     ers of Baltimore 1812
8   Peter Field/ died Dec. 2, 1876/ aged 91 years// Also his son/ Peter Field,
     Jr./ died Aug. 25, 1881/ aged 15 years/ natives of Co. Roscommon,
     Ireland/ May they rest in peace (footstones) P.F.// P.F., Jr.
9   Elizabeth/ beloved wife of/ Patrick Goldrick/ died/ Sept. 20, 1900/ aged
     72 years/ May she rest in peace (footstone) E.G.

Row 6a

1   In memory of/ Mary/ beloved wife of/ Patrick Rocha/ born March 25, 1833/ in
     the Co. Tipperary, Ireland/ died Feb. 17, 1895// Also her chil-
     dren/ John Rocha/ age 3 months// Stephen Rocha/ age 2 years//
     Thomas Rocha/ age 2 yrs & 6 mo// Timothy Rocha/ age 9 months
2   IHS/ In memory of/ Patrick Roche/ a native of/ Castle Bridge, Co. Wexford/
     Ireland/ died Dec. 12th 1863/ aged 26 years (footstone) P.R.
3   In memory of/ Catharine Roche/ a native of/ Castle Bridge, Co. Wexford/
     Ireland/ died July 26, 1875/ aged 80 years/ by her son James
     (footstone) C.R.
4   ROCHE
         a. Bridget/ wife of/ Saml Roche/ 1833-1915
5   Patrick Lacey/ 1829-1883// Nicholas J. Lacey/ 1853-1881
6   In memory of/ Catharine/ wife of/ David Curran/ native of Co. Wexford/ Ire-
     land/ died March 1st 1862/ aged 38? years ...?... (sunken)
7   FINGLES/ Thomas J./ 1863-1950// Nellie M./ 1875-1947
8   DEWEES/ Joseph Dewees/ 1819-1897// his wife/ Susannah Dewees/ 1823-1901//
     their daughter/ Amanda C. Dewees/ 1854-1901//Catherine A.
     Dewees/ 1853-1928// Samuel E. Dewees/ 1864-1938
9   Francis Ady/ born/ Jan. 11, 1816/ died May 7, 1865/ May he rest in peace

Row 6a (continued)   Section B

10 ARMSTRONG (curbstone)
11 Sacred to the memory of/ Edward Vincent/ beloved son of T.C.? & G.E.?
        Armstrong/ died Feb. 11, 1871/ aged 4 yrs 8 mos & 19 days/
        (verse)/ by his sister Martina
12 In memory of/ Martin Kelly/ born/ November 12th 1783/ died July 12th 1864/
        a native of the/ Co. Tipperary, Ireland/ but for the last 46
        years a/ resident of Baltimore Co.
13 Sacred/ to the memory of/ Hetty Kelly/ wife of/ Martin Kelly/ died July
        5th 1871/ in the 75th year of her age/ (verse)/ by her grand-
        daughter Hetty
14 I.H.S./ In memory of/ Martin/ son of/ Martin & Hetty Kelly/ born/ April
        13th 1832/ died December 12th 1862/ Requiescat in pace
15 In memory of/ John Taylor/ only son of John E. and/ Eleanor Taylor/ who
        departed this life/ January 27th 1856/ in the 23d year of his
        age/ R.I.P.

Row 6b

1 In memoriam/ John Lacey/ died/ Jan. 11, 1892/ aged 68 years/ a native of/
        Co. Wexford, Ireland/ Rest in peace/ beloved husband of Mary
        Lacey
2 Leonard? ...?... Lacey/ In memory of his wife/ Catharine/ who died Dec. 24,
        1851/ aged 55 years// and of/ Mary his daughter/ who died Aug.
        2, 1851/ aged 25 years
3 Sacred/ to the memory of/ Nicholas S. Lacey (tombstone sunken)
4 In memory of/ Daniel Murphy/ beloved husband of/ Margaret Murphy/ died Feb
        11th, 1895/ in the 82nd year of his age/ May he rest in peace
    In memory of/ John aged 6 years & 7 months// Timothy/ aged 5 years// Daniel/
        aged 6 years// George W./ aged 4 years & 9 months// Robert F./
        aged 3 years// Edward C./ aged 1 year/ children of/ Daniel &
        Margaret Murphy
5 KELLY/ Edward/ beloved husband of/ Sophia V. Kelly/ died Feb. 6, 1899//
        Sophia V./ beloved wife of/ Edward Kelly/ died Dec. 20, 1914
6 Rest in peace/ Annie Magill/ born/ Jan. 25, 1885/ died/ June 13, 1896/ R.I.P.
7 In memory of/ Georgeanna F. M./ wife of/ William B. Hysan/ and daughter of/
        Martin & Esther/ Kelly/ died August 26, 1906/ May she rest in
        peace
8 In memory of/ William B./ husband of/ Georgeanna F. M. Hysan/ died Feb. 21,
        1902// Mary E. & John F./ children of Wm. B. & Georgeanna F. M./
        Hysan
9 In memory of/ Mary Catharine/ beloved wife of/ Joseph Hysan died Jan. 11,
        1887/ aged 86 years & 11 days/ born in Wildeshousen/ Oldenburg
        Germany/ but for 75 years/ a resident of Baltimore// Anna
        Eugenia Hysan/ died April 18, 1954

Row 7a

1 Sacred to the memory of/ John B./ son of/ John H. & Jane T. Hunter/ who
        departed this life/ Sept. 8th 1857/ in the 6th year of his age
2 I.H.S./ ...?...
3 Sacred/ to the memory of/ Ellenor Bosley/ relict of/ Gamaliel Bosley/ who
        departed this life/ July 7th 1861?/ aged 75 years
4 I.H.S./ Sacred/ to the memory of/ John Bosley, of G./ born March 23rd, 1817/
        died/ Nov. 5th 1866/ May he rest in peace

Row 7a (continued)   Section B

5   I.H.S./ William T. Bosley/ born October 31st 1841/ died/ April 19th 1868/
        aged 26 years 5 months 19 days
6   I.H.S./ Joshua Bosley/ born/ March 7th 1811/ died/ June 10, 1871, in the
        61st year/ of his age/ May he rest in peace
7   Sacred to the memory of/ Matilda R./ wife of the late/ Joshua Bosley/ born/
        July 30th 1815/ died Sept. 26th 1872/ aged 57 years 1 month &
        27 days
8   (tombstone face down)
9   FISHER/ Molyneaux J./ 1868-1935// Ethel M./ 1883-1965// Elizabeth F./
        Strohecker/ 1909-1976
10 WHITEFORD (curbstone)
        a. I.H.S./ Sacred/ to the memory of/ Mrs. Ann Whiteford/ who died/
           December 28th 1861/ aged 87 years/ May she rest in peace
           (footstone) A.W.
        b. (large tombstone - face down) (footstone) C.W. (NOTE: The church
           records show a Charles Whiteford died 11-27-1870)
11 In memory of/ Dorcas A. Sindall/ died March 4, 1907/ Rest in peace
12 In memory of/ Robert A. Sindall/ died Dec. 17, 1900/ Rest in peace
13 (cannot read top of tombstone) Susanna A. Sindall/ who died/ Sept. 23rd
        1873
14 (a base--no tombstone)

Row 7b

1   (tombstone) ...illegible...
2   Mary Eaton/ died/ October 13th 1890/ in the 63rd year of her age/ May she
        rest in peace
3   In memory of/ Bernard McDermott/ a native of the County/ Roscommon, Ireland/
        who departed this life/ July 21st 1860/ in the 43rd year of his
        life
4   Stephen Rice ...illegible...
5   ...?... David Sindall/ who died/ on the 20th of June 1872 ...?... for the
        repose of ...?...
6   ...?... Jane/ wife of David Sindall/ who died/ on the 13th of Sept. 1867
7   ...?... Philip Sindall/ died/ 31st July 1868
8   Catherine/ wife of/ Timothy Cronin/ born in Co. Cork, Ireland/ died Nov. 3,
        1881/ aged 80 years
9   In memory of/ Ellen/ wife of/ John Cronin/ died July 25, 1866/ aged 40 years//
        John Cronin? (tombstone sunken)
10 FURLONG
        In loving remembrance of/ Walter/ beloved husband of/ Anastasia Furlong/
            died/ Nov. 21, 1893/ aged 63 years// Anastasia Furlong/ died/
            Feb. 21, 1909/ aged 81 years/ May they rest in peace
        A. Marie/ Furlong/ Aug. 14, 1892/ June 4, 1978// Eugenia F./ Brattan/
            Aug. 28, 1902/ Jan. 16, 1985
        Philip J./ beloved husband of/ Annie G. Furlong/ Mar. 7, 1865/ June
            17, 1949// Annie G./ Feb. 18, 1865/ Apr. 5, 1947
11 Bridget Connaughton/ native of the county/ Roscommon, Ireland/ died/ Sept.
        23rd 1895/ aged 72 years/ May she rest in peace
12 FINNAN (curbstone)
        FINNAN
            Owen Finnan/ a native of/ Co. Westmeath/ Ireland/ died Feb. 5, 1879/
                aged 60 years/ R.I.P.
            Honora/ beloved wife of/ Owen Finnan/ July 15, 1817/ July 21, 1900//
            James B. Finnan/ Sept. 17, 1854/ July 31, 1917

Row 7b (continued)   Section B

12 FINNAN (curbstone) (continued)
        FINNAN (continued)
            Nannie Sherry/ 1883-1960
        Peter P. Finnan/ Sept. 19, 1858/ April 17, 1893// Francis P. Finnan/
            April 4, 1856/ May 15, 1896 (footstone) P.P.F.

13 (a tombstone, broken, standing against the Finnan momument)
        In memory of/ Orason Aloysius/ son of/ John P. & Jane Clark/ who died/
            November 1, 1863/ aged 5 yrs 7 months

Row 8a and 8b

1   RESIDE (large monument, no first names)
2   HILBERG (curbstone)
        HILBERG
            a. Sadie
            b. Mother
            c. Father
            d. Annie
            e. Callie
            f. Dellie
3   N. CHAS. BURKE (curbstone)
        Nicholas Charles Burke/ 1854-1923// Chloe Ady Burke/ 1858-1944 (footstones)
            C.A.B.// N.C.B.// N.C.B./ 1882-1884// D.A.B./ 1884-1886// J.L.B./
            1887-1887// Betty/ 1918-1918// H.M.B.L./ 1880-1918// E.H.M./ 1921-
            1921
4   (name overgrown) (curbstone)
        ATKINSON
        Henry B. Atkinson/ Sept. 10, 1814/ Aug. 8, 1853/ Resquiescat in pace
        Sarah A./ wife of/ Henry B. Atkinson/ Nov. 2, 1816/ Oct. 12, 1894
            (footstones) H.B.A.// S.A.A.
5   RICE
        In memory of my son/ James Rice Nolan/ died Aug. 30, 1879/ aged 5 yrs
            2 mos & 8 days/ May he rest in peace. Amen/ (verse)/ Erected
            by his mother Sarah Nolan and Aunt Bridgeta Rice
        In memory of my husband Patrick Rice, a native of Co. Armagh, Ireland/
            died Sept. 21, 1866/ in the 74th year of his age/ May he rest in
            peace. Amen
6   (base only--headstone missing)
7   Sacred to the memory of/ Mary/ beloved daughter of Michael & Ann Murphy/ died
        Feb. 23, 1883/ aged 28 years/ May her soul rest in peace. Amen
8   Sacred to the memory of/ Ann Murphy/ relict of Michael Murphy/ a native of/
        Co. Wexford, Ireland/ died Dec. 28, 1893/ aged 61 years
9   HOUCK/ Lawrence/ Dec. 19, 1865/ Annie M./ Nov. 15, 1866
        a. Annie M./ Aug. 11, 1930
10 HOUCK--HAUGHEY
        a. Sadie E. Dec. 22, 1909   on the HOUCK side
        b. Sarah E. Sept. 22, 1884   "   "   "   "
        c. George F. Oct. 14, 1928   "   "   "   "
        d. James Sept. 16, 1891   on the HAUGHEY side
11 In memory of/ Mollie M./ beloved wife of Henry B. Rose/ and daughter of
        Elizabeth & John Bryan (tombstone sunken)
12 Sacred to the memory of/ John Bryan/ died/ April 29, 1888/ in the/ 25th year
        of his age// Maggie E. Bryan/ died April 30, 1829/ in the 23rd
        year of her age

Row 8a and 8b (continued)   Section B

13 In memory of/ Ann Barron/ died June 6, 1896/ aged 85 years/ May she rest in peace
14 In memory of/ Mary Barron/ died Feb. 12, 1892/ aged 22 years/ May she rest in peace
15 (headstone missing)
16 (one stone)
    John T. Carroll/ born/ March 16, 1870/ died/ May 30, 1888/ May he rest in peace// children of Timothy & Bridget Carroll
    Nellie Carroll/ born/ Jan. 9, 1876/ died/ July 27, 1877
    Willie Carroll/ born Jan. 26, 1872/ died/ Feb. 28, 1874
    Mamie Carroll/ born/ Oct. 12, 1874/ died/ Feb. 15, 1878

Row 9a and 9b

1   BAKER-CONNOLLY
    a. I.H.S./ In memory of/ Honora/ wife of John Baker/ who departed this life/ Aug. 7, 1811 aged 21 years// Also Mary Ann/ daughter of/ John and Honora Baker/ who departed this life/ Aug. 15th 1811 aged 1 year/ R.I.P.
        In memory of/ Matthias Baker/ who departed this life/ Sept. 27th 1799 aged 54 years
        In memory of/ Elizabeth Baker/ who departed this life/ July 8th 1800 aged 6 months// Matthias Baker/ who departed this life Sept. 15th 1811 aged 26 years// Peter Baker/ who departed this life/ Jan. 11th 1819 aged 19 years/ daughter and sons of/ Matthias & Mary Baker/ R.I.P.
        Mary Baker/ who departed this life/ Jan. 22, 1849 in the/ 88th year of her age/ R.I.P.
    b. I.H.S./ Sacred/ to the memory of/ Mary A. King/ died/ Dec. 12th, 1868/ in the 60th year of/ her age/ Requiescat in pace (footstone) M.A.K.
    c. I.H.S./ Sacred/ to the memory of/ Jemima Baker/ consort of/ John Baker/ born/ August 11, 1790/ died/ February 8, 1859/ May she rest in peace (footstone) J.B.
    d. I.H.S./ In memory of/ John Baker/ born July 24th 1788/ died June 23rd 1854/ Eternal rest give unto him O Lord/ and let perpetual light shine/ upon him (footstone)
    e. In memory of/ Sarah A./ wife of/ John F. Connolly/ and daughter of/ John & Jemima Baker/ died July 17th 1856/ aged 41 years 8 months & 18 days/ Admirable in all the/ relations of life. A devoted and zealous Catholic/ May she rest in peace (footstone) S.A.C.
    f. Sarah Jamima/ born Jan. 26, 1845/ died Feb. 8, 1846
        Sarah/ born Jan. 14, 1847/ died Aug. 12, 1847
        Ignatius Loyala/ born June 18, 1848/ died July 5, 1848
        Lexius Joseph/ born Sept. 8, 1851/ died Sept. 22, 1852
    g. Children of/ John E. & Sarah A. Connolly

2   John T. Coyle/ died May 7, 1939
3   In your charity pray/ for the repose of the/ soul of/ Rev. Eugene O'Reilly/ of John/ a native of/ Cavan County, Ireland/ He labored for seven years with great su-/cess in the vine yard/ of the Lord in the West Indies and was/ called to his reward/ on the 11th of Dec./ 1852 in the 50th year/ of his age and the 8th/ of his Priesthood/ May his soul rest in peace (footstone)

Row 9a and 9b (continued)   Section B

4   COYLE
       In memory of/ Catherine A./ Coyle/ died Dec. 21, 1921/ May she rest in
           peace (footstone) C.A.C.
       In memory of/ Catherine/ Coyle/ died/ Dec. 23, 1909
       In memory of/ Thomas Coyle/ a native of County/ Longford, Ireland/ died
           Feb. 9, 1892// His wife/ Bridget Coyle/ died Nov. 3, 1917/ May
           they rest in peace (footstone) B.C.
       In memory of/ Patrick N. Coyle/ died/ Jan. 31, 1902/ May he rest in
           peace// Mary E. Coyle/ died Mar. 4, 1929 (footstone) P.N.C.
5   Harry Parker Boyd/ Aug. 16, 1863/ July 2, 1915
6   Mary S. Boyd/ in pace/ March 19, 1867/ Sept. 16, 1937
7   Dr. Marbury Brewer/ May 28, 1830/ Jan. 24, 1903/ in pace (footstone) M.B.
8   Marbury Brewer Boyd/ Nov. 30, 1890/ April 18, 1898
9   Albina D. Brewer/ wife of/ Dr. Marbury Brewer/ died August 13, 1890/ in pace
       (footstone) A.D.B.
10 T. A. Bain Dukehart/ husband of/ Mary McCabe Dukehart/ Aug. 13, 1867/ April
       4, 1914
11 Mary McCabe Murphy/ May 6, 1885/ Nov. 14, 1942
12 James H. McCabe/ Aug. 16, 1888/ Sept. 29, 1965 (footstone) J.H.M.
13 Laurence B. McCabe, Jr./ Nov. 1, 1881/ March 6, 1937 (footstone) L.B.M.,Jr.
14 Laurence B. McCabe/ Mch. 11, 1847/ Dec. 31, 1921// Mary Ellen Keavery/ wife
       of/ Lawrence B. McCabe/ Dec. 3, 1857/ Feb. 1, 1914 (footstones)
       L.B.M.// M.E.M.
15 Harry Irwin McCabe/ Feb. 3, 1892/ May 30, 1938 (footstone) H.I.M.
16 Eileen Y. McCabe/ Sept. 23, 1879/ Dec. 18, 1955 (footstone) (sunken)
17 J. F. McCABE (curbstone)
       a. James Francis McCabe/ born/ August 5, 1875/ died/ Nov. 4, 1948
       b. Leila Post McCabe/ born/ March 31, 1884/ died/ ...?... (stone sunken)
       c. Calvert Cornelius McCabe/ born December 30, 1879/ died/ August 16, 1934
       d. James Francis McCabe/ born May 10, 1844/ died Aug. 6, 1921
       e. Gertrude Knight/ wife of/ James F. McCabe/ died/ Oct. 17th 1882 (foot-
           stone) G.McC
       f. Ernest Ruhl McCabe/ died/ October 19, 1911/ aged 30 years

Row 1   Section C

1   Tania C. R./ Smith/ 4 mo 1983
2   BORGERDING/ Jeanne M./ 1923 - _____// Edward F./ 1923-1982

Row 2

1   FREEZE/ Robert F./ 1929-1980
2   Phyllis A./ Greene/ Feb. 9, 1959/ Jan. 31, 1980
3   MURDOCK/ Barbara I./ 1905-1981// Walter R./ 1905-1978

Row 3

1   Edward J. Moore/ U.S. Navy/ Jul. 1, 1925-Mar. 13, 1980
2   Beloved son/ Michael Taylor Burns/ September 7, 1955/ December 5, 1979
3   LUTZ/ Alexander A., Sr./ 1917-1979// Ida C. 1927-_____
4   Anastasia Brady/ Apr. 11, 1896/ Jan. 16, 1982
5   Yvonne A. Rogers/ Sept. 16, 1892/ Feb. 7, 1979
6   Daniel J. Dwyer/ 1958-1978

Row 1   Section F

1   MURPHY
        In memory of/ Mary E./ beloved/ daughter of/ Martin J. & Jane/ Murphy/
            born May 15, 1881/ died Dec. 14, 1906 (footstone) May
2   John F. Duggan/ U.S. Army/ World War I/ Jun 21, 1890-April 14, 1982
3   DUGGAN
        In your charity pray/ for the soul of/ Rev. Francis P. Duggan/ Pastor
            of St. Pius Church/ born March 1, 1843/ ordained June 30, 1868,
            died July 31, 1903/ May he rest in peace
        In memory of/ Timothy H. Duggan/ a native of Luffany?Parish of Sliverue
            Co. Kilkenny/ Ireland/ died July 7, 1884/ aged 73 years/ May he
            rest in peace
        In memory of/ Alice/ wife of Timothy H. Duggan/ died March 23, 1885/
            aged 76 years/ a native of Kilmurry/ Parish of Slieverue/ Co.
            Kilkenny, Ireland/ May she rest in peace
4   ADY   (curbstone)
        Henrietta M./ beloved wife of/ Edward H. Ady/ died July 29, 1865/ aged 39/
            May she rest in peace
5   RICE   (curbstone)
6   BURKE   (curbstone)
7   BURKE   (curbstone)
8   LYMAN   (curbstone)
        Very Reverend/ Dwight E. Lyman/ Rural Dean/ born Dec. 3, 1818/ died Dec.
            29, 1893
        Louise S. Lyman/ born Nov. 1810/ died Dec. 31, 1893// Rev. T. D. Mead/
            April 11, 1842/ Dec. 11th 1916
        ...?... here lies the body of Mrs. Mary Lyman/ born April 21, 1777/ died
            Nov. 9, 1865/ Pray for her
        Mary Ann Mead/ born Jan? 12? 1807/ died April 23, 1876// Caroline B.
            Lyman/ born Jan. 17, 1809/ died Aug. 30, 1883
        (footstones) Father Lyman// Mary Ann// Caroline B
9   In memory of/ John Ahern/ born/ Feb. 2, 1812/ died/ Nov. 30, 1895/ I have
        fought a good fight. I have finished my course/ I have kept the faith/
        2nd Timothy 4th ch. 7th v.
10 In/ memory of/ Anna Cecilia/ wife of/ John Ahern/ born/ April 17th, 1815/
        died August 12th, 1879/ (verse)// Rev. John Alex Ahern/ born/ April 4,
        1842/ died Jan. 18? 1896/ R.I.P.
11 M. O'REILLEY (curbstone)
        In memoriam/ Dr. William T. B. O'Reilly/ died/ April 19, 1880/ Requiescat
            in pace
12 JOHN B. CONNOLLY (curbstone)
        a. In memory of/ John B. Connolly/ died/ Feb. 16, 1889/ aged 55 years/
                Rest in peace// Mary M./ wife of/ John B. Connolly/ born May 24,
                1837/ died March 5, 1906
        b. Jno. Whitridge/ died/ Apl. 2, 1861/ aged 8 mos & 10 days
        c. Louisa May/ died/ Feb. 15, 1868/ aged 8 mos
        d. Charles F./ died Aug. 24, 1864/ aged 5 mos
        e. Laura Marie/ daughter of/ John B. and Mary/ M. Connolly/ died July
                8, 1869/ aged ...?... months/ & 10 days
13 I.H.S./ Sacred to the memory of/ John Whiteford/ who died/ January 3rd, 1872/
        aged 68 years (footstone) J.W.
14 My beloved son/ Robert Louis Whiteford/ born August 19, 1844/ died January
        29, 1890 (footstone) R.L.W.
15 James Whiteford/ born October 31, 1810/ died/ October 3, 1878/ Requiescat
        in pace (footstone) J.W.

Section F

Row 1 (continued)

16. Celinda Whiteford/ born/ February 22, 1820/ died/ Aug. 7, 1894/ Requiescat in pace (footstone) C.W.
17. Sacred to the memory of/ Conrad/ beloved husband of/ Margaret Newbar/ died/ March 5, 1886/ in his 51st year/ Rest in peace (footstone) C.N.
18. RINGGOLD
    John P. Ringgold/ July 13, 1829/ May 23, 1889// Arthur J. Ringgold/ Dec. 4, 1892/ Dec. 29, 1948// beloved wife/ C. Bernadine D./ Apr. 24, 1894/ Aug. 29, 1968
    Julie Ringgold/ Nov. 16, 1856/ July 26, 1896// John J. Ringgold/ Feb. 23, 1857/ April 30, 1921
    Peregrine Ringgold/ Aug. 9, 1796/ Aug. 29, 1865// Mary C. Ringgold/ Sept. 24, 1804/ Feb. 11, 1866/ Mary H. Roberts/ April 10, 1824/ April 16, 1882

Row 2

1. TIGHE (curbstone)
    TIGHE/ Philomena/ beloved daughter of/ James M. &/ Katherine G. Tighe/ April 24, 1894/ Jan. 14, 1911// James M., Jr./ infant son of/ James M. & Katherine G. Tighe/ April 26, 1897 (footstone) P.A.T.// J.M.T., Jr.
2. Maurice McCauley/ died Jan. 19, 1885/ aged 76 years/ erected by his wife/ Jane McCauley
3. William F. Brooks/ born/ June 15, 1841/ died/ July 1, 1914/ aged 73 years/ May he rest in peace
4. Mary B. (or E.) Brooks/ born/ Sept. 13, 1843/ died/ Feb. 9, 1902/ aged 58 years/ May she rest in peace
5. Sacred to the memory of/ Theresa M. Brooks/ died Nov. 9, 1880/ aged 66 years/ R.I.P.
6. George W. Brooks/ born/ July 29, 1809/ died/ Aug. 31, 1894/ aged 85 years/ May he rest in peace
7. In memoriam/ Mary Butler/ died/ Jan. 26, 1884/ aged 73 years/ Requiescat in pace
8. BUTLER/ GALLOWAY
    a. John H. Butler/ 1821-1872
    b. Victorine P. Butler/ 1836-1927
    c. Anne B. Galloway/ 1868-1925
9. In memory of/ Michael Walsh/ a native of/ Co. Kilkenny, Ireland/ died May 21, 1895/ aged 55 years/ May his soul rest in peace
10. In memory of/ Mary Walsh/ wife of/ William Walsh/ a native of/ Co. Kilkenny, Ireland/ died May 12, 1881/ aged 84 years/ May her soul rest in peace
11. In memory of/ William Walsh/ a native of Co. Kilkenny, Ireland/ died Oct. 26, 1887/ aged 89 years/ May his soul rest in peace
12. Mother/ Ellen Dugan/ died/ Nov. 14, 1907/ native of Co. Kilkenny/ Ireland/ R.I.P.
13. Father/ James Dugan/ died June 29, 1902/ native of Co. Kilkenny/ Ireland/ R.I.P.
14. MURPHY (curbstone)
    a. Willie/ infant son of/ W. T. & Mary E./ died March 19, 1896/ aged 8 days
15. KILROY/ Martin L./ 1868-1917// William J./ 1901-1951// Catherine E./ 1867-1910// Helen M./ Donovan/ 1891-1970
16. Francis I. Markoe/ born Nov. 24, 1870/ died March 13, 1923/ I have fought the good fight/ I have kept the faith

Row 2 (continued)   Section F

17 Maria Perry Thomas Markoe/ born Feb. 14, 1842/ died July 14, 1909/ Requiescat
    in pace
18 Col. Frank Markoe/ born Aug. 9, 1840/ died June 4, 1914/ Blessed are the pure
    of heart/ for they shall see God
19 John Sutherland Markoe/ Capt. 5th Md. N.G./ born July 4, 1876/ died Dec. 16,
    1932
20 Mary Maxcy Markoe/ born July 9, 1873/ died July 16, 1874
21 Maria Kerr Markoe/ born June 29, 1869/ died Aug. 24, 1870
22 Emily Maxcy Markoe/ (no dates visible)
23 Guy Francis Markoe
24 Thomas Masters Markoe
25 (one stone)
        Lillie P./ died Nov. 8, 1942// Grace C./ died July 1, 1953 (footstones)
        L.P.W.// G.C.W.
        Louisa R./ died Aug. 25, 1932// Ella T./ died Feb. 15, 1949 (footstones)
        L.R.W.// E.T.W.
        James W. Weatherley/ born November 21, 1825/ died February 5, 1891// Maria
        L. Weatherley/ born January 5, 1832/ died January 1, 1909 (foot-
        stones) J.W.W.// M.L.W.
        Anna Virginia/ born Oct. 28, 1865/ died Jan. 18, 1877// Roberta Gertrude/
        born June 17, 1871/ died Aug. 28, 1872/ children of/ James W. and
        Maria L. Weatherley
26 Mary Angela/ infant daughter of/ Charles H. & Mary E. Diggs/ born Aug. 16,
    1891/ died Aug. 17, 1891
27 (one tall stone)
        Anna C. McCall/ beloved wife of/ William T. Richards/ died August 8, 1912/
        aged 57 years// Wm. T. Richards/ beloved husband of/ Anna C.
        Richards/ died Jan. 27, 1927/ aged 67 years
        In memory of/ John B./ eldest son of/ Catherine & Peter/ McCall/ died
        Sept. 8, 1888/ aged 37 years/ R.I.P.// E. Adelle/ daughter of/
        Robt. F. & Julia Montgomery/ Richards/ died Jan. 19, 1929/ aged
        67 years
        Sacred to the memory of/ Peter McCall/ died Nov. 19, 1872/ aged 62 years
            (a lengthy worded inscription mostly illegible but looks inter-
            esting) R.I.P.
        Catherine Murphy/ beloved wife of Peter McCall/ died July 1, 1898/ aged
        87 years// Peter F. McCall/ beloved son of/ Catherine & Peter
        McCall/ died January 19, 1910/ aged 58 years
28 To our father and mother/ Daniel Dunn/ died Dec. 9, 1872/ (two lines illegible)//
    Bridget Dunn/ died Dec. 9, 1872/ (five lines illegible)
29 To our brother/ I.H.S./ Mathew Dunn/ who departed this life/ Dec. 27, 1876/ in
    the 58th year/ of his age/ (stone sunken)
30 FARMER/ QUINN
        a. Terrence J. Farmer/ died/ April 1, 1882/ Rest in peace
        b. Ann C. Farmer/ died Jan. 8, 1878/ Rest in peace
        c. Bernard J. Farmer/ died/ Nov. 18, 1894/ Rest in peace
        d. John F. Farmer/ died/ July 7, 1898/ Rest in peace
        e. Patrick J. Farmer/ died/ May 7, 1910/ Rest in peace
        f. Margaret M. Farmer/ died Sept. 22, 1920// Mary A. Farmer/ died April
            21, 1933/ Rest in peace
        g. Patrick M. Quinn/ died/ Feb. 9, 1886/ Rest in peace
        h. Mary A. Quinn/ died/ Dec. 28, 1872/ Rest in peace
        i. Sarah M. Quinn/ died/ Nov. 1, 1875/ Rest in peace
        j. Bridget C. Quinn/ died/ July 9, 1917/ Rest in peace
        k. Margaret M. Quinn/ died/ Dec. 15, 1910/ Rest in peace
        l. Sarah E. Craig/ died/ Jan. 4, 1891/ Rest in peace

Row 2 (continued)   Section F

31 RUSSELL
    a. William L. Russell/ Son
    b. Catherine Russell/ Mother
    c. Richard B. Russell/ Father
32 In memory of/ William Tunney/ beloved husband of/ Sarah Tunney/ died July 26, 1901/ aged 61 years/ R.I.P. (footstone) W.T.
33 In memory of Sarah Tunney/ beloved wife of/ William Tunney/ died June 22, 1912/ aged 64 years/ R.I.P. (footstone) S.T.
34 In memory of/ John Halpin/ died April 19, 1892/ aged 67 years/ Rest in peace, Amen/ Erected by his wife/ Bridget Halpin
35 (large stone--a cross)
    Margaretta A./ beloved wife of/ Tobias C. Linzey/ 1853-1895
    Lewis A. Linzey/ 1877-1914
    Tobias C. Linzey/ 1845-1926
36 (large stone--in center of lot)
    William Boggs/ born in the/ Co. Tyrone, Ireland/ died Feb. 28, 1905/ aged 84 years
    Virginia K./ wife of/ William Boggs/ and daughter of/ John and Arietta H./ Kroft/ died Aug. 8th 1860/ aged 24 years
    Annie R./ wife of/ William Boggs/ and daughter of/ Cornelius and Mary S./ Ryan/ died April 19th 1919/ aged 68 years
    a. Elizabeth V. Boggs/ daughter of/ William and Virginia K. Boggs/ died Dec. 24, 1926
    b. Virginia K. Boggs
    c. William Boggs
    d. Annie R. Boggs
    e. Minnie J. Boggs/ daughter of/ William and Annie R. Boggs/ died March 18, 1953
    f. Walter J./ infant son of/ Walter J. and Edna B. Boggs/ Oct. 17-Nov. 7, 1922
    g. In memory of/ Elizabeth Cassidy/ died/ February 24, 1895/ aged 80 years/ by her brother Wm. Boggs
37 BARRON/ Julian P./ died 1909// Baby Julian died 1887// John M. D./ died 1912// Maria B. Duffy/ died 1944/ Elizabeth C. died 1925

Row 3

1   CONSIDINE/ Margaret M./ 1852-1947// Joseph P./ 1858-1929/ Rest in peace
2   DUKE/ Joseph W./ 1853-1924// His wife/ Ida J. Blessing/ 1854-1931// Elma O. 1860-____// Myrtle B. 1883-1969// Helen L. 1893-1935
3   J. W. STRICKER (curbstone)
4   Catherine/ wife of/ Jacob Keilholtz/ died Nov. 23, 1874/ in the 23rd year/ of her age/ May she rest in peace
5   Margaret Hickley/ born/ November 10, 1812/ died/ July 24, 1883
6   (nearly buried--a monument base or footstone)
7   To the memory of/ Jacob Keilholtz/ born Sept. 12, 1811/ died March 4, 1885/ in the 74th year of his age/ May his soul rest in peace/ Erected by his wife Annie
8   Emma K. Schofield/ 1868-1923// Charles B. Schofield/ 1887-1914
9   William T. Schofield/ 1873-1897// Charles T. Schofield/ 1878-1919
10 Barbara E. Schofield/ 1834-1921
11 Henry C. Schofield/ 1831-1893
12 NORTON (curbstone)
    a. In memory of/ our brother/ Edward Norton/ a native of/ Co. Galway, Ireland/ died Dec. 30, 1892/ aged 38 years/ May he rest in peace

Row 3 (continued)   Section F

13 DONAHUE (curbstone)
   a. To my husband/ Andrew Donahue/ born/ Sept. 18th 1812/ died/ May 22d, 1879 (footstone) A.D.
14 Timothy Ganey/ died July 1, 1900/ Rest in peace
15 Jennie Ganey/ died March 12, 1904/ Rest in peace
16 Margaret C. Ganey/ died Dec. 7, 1921/ Rest in peace
17 Sacred to the memory of/ Rose/ daughter of/ Owen and Mary Martin/ died August 9, 1875/ in the 57th year of her age/ a native of the Parish of Mounitoon?/ Co. Monaghan, Ireland
18 I.H.S./ Mary Martin/ ...?... (The church records show date died 11-21-1857)
19 (top of stone appears broken off) Wife of Captain/ William Munk U.S.A./ 2nd daughter of the late Owen & Mary Martin/ a native of the Co. Monaghan, Ireland
20 O'CONNOR (curbstone)
   a. John W. Fahely/ born 1852/ died 1873/ age 21 years/ R.I.P.
21 D. L. DAME (curbstone)
22 BROWN (curbstone)
   a. Anna M. Brown/ 1889-1947
   b. Mary A. Brown/ 1886-1961
   c. Mary Ann Brown/ 1858-1941
   d. Robert V. Brown/ 1865-1940
   e. Johanna Brown/ 1860-1938
23 (monument base only)
24 T. P. O'CONNOR (curbstone)
   a. In memoriam/ Margaret/ beloved wife of/ Thomas P. O'Connor/ died Jan. 27, 1913
25 JOHN NUGENT (curbstone)
   a. NUGENT/ My wife Mary/ born June 22, 1832/ died Dec. 22, 1872// John/ beloved husband of/ Mary Nugent/ born June 26, 1820/ died Feb. 24, 1881
26 I.H.S./ Sacred to the memory of/ Elizabeth A./ beloved wife of/ James A. Clark/ died May 31, 1875
27 I.H.S./ Sacred to the memory of/ Katie E./ beloved daughter of/ James A. & E.A. Clark/ died Nov. 17, 1877
28 C. J. MAENNER (curbstone)
   MAENNER
   Son/ Louis D./ May 26, 1921-Kia/ July 27, 1943/ S Sgt 64 AAF Bomb Sq WW II/ At rest Nat'l Cem. B-1110 Hawaii// Gary P./ 1957-1979/ son of Leo & Emma// Leo T./ 1953-1953// Barbara A./ 1955-1955/ children of Leo & Emma// Charles J. III/ 1956-1959/ son of C. J. Jr. & Jean
   Son/ John T./ 1917-1969/ Father/ Charles J. Sr./ 1893-1982// Mother/ Marguerite E./ 1897-1973
29 L.F.U.
30 Thy Kingdom come/ cause the heart of Jesus is with me/ May Clare/ daughter of/ Henry H. & Minnie H. Unduch/ died Oct. 3rd, 1889/ in her 12th year

31 At rest/ S. John Carroll/ died/ Dec. 28th 1869/ in the 44th year/ of his age
32 Our mother/ in her humility/ Lucy A. Carroll/ died/ May 31st, 1899/ We loved her in life/ let us not forget her in death/ R.I.P.
33 Lucy Foley/ daughter of/ Henry H. & Minnie H. Unduch/ died March 15, 1894/ Eternal rest give unto her O Lord/ and let perpetual light shine upon her

Row 4   Section F

1   MULLAN/ David H./ 1842-1916// his wife/ Susan R./ 1847-1918// Clara E./ 1870-
        1908// Theresa B./ 1885-1951// David H./ 1886-1958
    a. Clara E./ (2 lines illegible)/ born/ Oct. 2, 1870/ died/ Dec. 6, 1908/
        Rest in peace
2   DOWNEY
        Ellen/ beloved wife of/ William Downey/ died/ May 6, 1907/ a native of
            Co. Tipperary, Ireland/ May she rest in peace
        William/ husband of/ Ellen Downey/ born Nov. 12, 1845/ died Apr. 21, 1916/
            a native of Co. Tipperary, Ireland
        Mary E. Downey/ died/ Dec. 13, 1894/ aged 20 years/ daughter of/ Wm. &
            Ellen/ Downey
3   STARR/ James T. Starr/ 1880-1920// Catherine Starr/ 1892-1921
4   In memory of/ Bridget/ beloved wife of/ Thomas Meagher/ a native of Co. Tip-
        perary/ Ireland/ died July 10, 1889/ aged 65 years/ R.I.P.
5   Patrick Starr/ died Nov. 6, 1915/ aged ...?... years// his wife/ Margaret
        Starr/ died Feb. 20, 1923/ Rest in peace
6   WHITEFORD/ John M. Whiteford/ June 17, 1857-May 14, 1915
7   REHM/ In memory of/ John Michael Rehm/ Nov. 27, 1822/ June 9, 1904// Elizabeth
        Frances Rehm/ March 9, 1820-Oct. 28, 1902/ R.I.P.
8   William Welsh/ Feb. 21, 1905/ age 62 years// his wife/ Mary Welsh (stone
        sunken) (The church records show date died 12-23-1909)
9   (one stone)
        James Manning/ died/ June 15, 1878/ aged 58 years/ a native of Co. Mayo/
            Ireland. For thirty/ years a resident of Govanstown/ May he rest
            in peace
        James R. Manning/ died June 6, 1890/ in his 36th year
        Alice Manning/ died Jan. 11, 1881/ in her 58th year
10 OWENS/ J.M.J.
11 I.H.S./ Sacred to the memory of/ William Roche/ died July 21, 1877// Also
        ...?... Roche/ died Sept. 17, 1886/ May they rest in peace (NOTE: The
        church records show name Patrick J. Roche (child) died 5-30-1887)
12 BALLS
        Bartholomew Balls/ 1841-1908/ Rebecca A. Balls/ 1843-1922// Eva/ 1880-
            1881 (footstones) R.A.B./ B.B./ E.B.
        Herbert F. Balls/ 1884-1917// Elsie L. Balls/ 1876-1935 (footstones)
            H.F.B./ E.L.B.
13 In memory of/ Patrick J. Borden/ a native of/ Queen Co., Ireland/ died Aug.
        18, 1887/ in the 89th year of his age/ May he rest in peace
14 Joseph Ashton Garrett/ Maryland/ 1st Sgt. Co. K. 115 Inf./ 29 Division/ World
        War I/ October 24, 1879/ May 23, 1943
15 STRICKER
        In memory of/ Eva Catharine/ wife of/ John V. Stricker/ born Feb. 17,
            1840/ died Jan. 28, 1882/ May she rest in peace// Edward Aloysius
            Stricker/ born Nov. 14, 1887/ died Feb. 26, 1888
        William Joseph/ born May 1, 1869/ died June 26, 1881// Henry Albert/ born
            Oct. 20, 1877/ died Jan. 25, 1882/ children of John V. & Eva C.
            Stricker
        a. KATE (small stone)
        b. T. ...?... (small stone)
16 John M. Stricker/ 1872-1943// Mary V. Stricker/ 1882-1943// M. Dorothy Stricker/
        1907-1926// Roger M. Nelson/ 1904-1960// Mary M. Nelson/ 1905-1924
17 CAREY-KELLY (curbstone)
        a. KELLY/ John E./ beloved husband of/ Annie C. Kelly/ Jan. 2, 1848/ Sept.
            26, 1902/ R.I.P.// Annie C. Kelly/ died/ Dec. 21, 1934/ R.I.P.

Row 4 (continued)   Section F

17 CAREY-KELLY (curbstone) (continued)
        b. John P. Carey/ died/ March 24, 1895/ aged 74 years/ Rest in peace//
           Hannah Carey/ died/ Dec. 5, 1902/ aged 81 years/ Rest in peace
18 Mother/ Helen F. Chisholm/ 1861-1915
19 BYRNES (curbstone)
20 In memory of/ James B. Byrnes/ born Feb. 22, 1859/ died Aug. 4, 1888/
        Erected by his mother// B. Byrnes/ wife of/ Joseph Byrnes/ died
        Nov. 28, 1895/ May he rest in peace
21 BURKE/ Son/ James B./ 1913-1928// Father/ Thomas N./ 1875-1932// Mother/
        Theresa M./ 1876-1959
22 CAREY (curbstone)
        CAREY/ Cornelius J./ died Aug. 18, 1931// his wife/ Annie E./ died Sept.
        1, 1919 (footstones) Father/ Mother
23 HUSSEY/ PLUNKETT
        Martin Hussey/ 1836-1900// his wife Mary Plunkett/ 1837-1889// Mary A.
        Hussey/ 1863-1915
        Ann Plunkett/ a native of/ Co. Meath/ Ireland/ 1841-1911
        In memory of/ James Plunkett/ 1810-1880// his wife/ Mary Boland/ 1813-
        1864/ natives of Co. Meath, Ireland// James F. Plunkett/ 1855-
        1908 (footstones) J.F.P.// M.B.P./ J.P.
        John E. Hussey/ 1871-1929/ Anna C. Hussey/ 1875-1941
24 Mary Clare Brown Milne/ 1882-1945// Thomas Baxter Milne/ 1888-1976

Row 5

1   Marie P. Moss/ Nov. 22, 1873/ Jan. 2, 1956
2   Marie Antoinette Moss/ Maryland/ Nurse Army Nurse Corps/ Oct. 9, 1918
3   Theophilia Schleiffer/ Jan. 15, 1890/ Oct. 25, 1963
4   Antoinette Schleiffer/ Dec. 3, 1887/ Feb. 2, 1976
5   Eva Schleiffer/ Jan. 5, 1846/ Dec. 22, 1923
6   George Schleiffer/ Dec. 25, 1842/ April 7, 1870
7   CASSIDY/ Thomas R./ 1853-1920// his wife/ Mary T./ 1852-1907 (footstones)
        M.T.C.// T.R.C.
8   McLAUGHLIN
        R. Guilford/ son of/ R. G. & M. E./ McLaughlin/ Sept. 13, 1902/ Feb. 6,
        1906// Ellen M. Tarbert/ died/ April 3, 1923
        Mary E. McLaughlin/ 1872-1934// R. Guilford McLaughlin 1852-1937
9   In memoriam/ James P. beloved husband of/ Ella Starr/ died Nov. 28, 1907/
        aged 33 years
10 Elizabeth/ beloved wife of/ John Sinnott/ native of Co. Wexford/ Ireland/
        1858-1909
11 BROWN
        a. Sarah/ 1854-1944
        b. Michael/ 1850-1929
        c. Robert V./ 1893-1927
12 REHM (curbstone)
        a. Stuart/ May 9, 1924
        b. Frank/ Aug. 10, 1923
        c. George/ July 31, 1920
        d. Charles/ Oct. 30, 1914
13 MURPHY/ Patrick Murphy/ 1841-1912// Catherine Murphy/ 1832-1923// Moses
        Murphy/ 1851-1891// Katie Kavanaugh/ 1870-1890// natives of Co.
        Wexford, Ireland/ R.I.P.
14 THOMPSON/ 1846 William H. 1917// his wife/ 1854 Catherine 1893// and son 1885
        William H. Jr. 1911

Row 5 (continued)   Section F

15 Mother/ Christina Wilson/ born/ July 25, 1848/ died/ November 25, 1935/
        Rest in peace
16 Father/ George W. Wilson/ born/ March 25, 1847/ died/ January 21, 1920/
        Rest in peace
17 SOFSKY
        Theodore Sofsky/ husband of Caroline Sofsky ...?... 1843/ died/ Oct. 14,
            1891// Caroline/ born ...?.../ died April ...?... 1900/ Rest in
            peace
        Fred./ Sofsky// Walter ...?... (NOTE: The church records show name
            Fritz Sofsky date died 6-5-1881)
        Edwin A. Sofsky/ 1908-1925// Reginia Nertney/ 1927-1928// Frank A. Sofsky/
            1862-1942// Catherine M. Sofsky/ 1882-1943// Catherine M. Popp/
            1913-1948// Violet H. Sofsky/ 1901-1962// William P. Sofsky/ 1901-
            1965
18 POWER
        To my husband/ Edward Power/ who departed this life/ August 8, 1876/ aged
            49 years/ Requiescat in pace
        Mary Power/ wife of/ Capt. Edward Power/ died Sept. 10, 1901/ aged 93
            years/ Requiescat in pace
        Mary Power/ daughter of/ Thaddeus S. & Mary G. Sharretts/ born May 27,
            1876/ died July 27, 1877
19 TERRANCE MALONEY (curbstone)
        ...?.../ son of John and Eliza/ McNamara/ born May 1877/ died ...?...
            July 1877/ aged 4 mos & 3 days
        a. To my beloved wife/ Ann Maloney/ a native of/ Grenanstown, Co. Tip-
            perary/ Ireland/ died May 4, 1894/ aged 65 years/ Rest in peace
            (footstone) A.M.
        b. In memory of/ Terence Maloney/ native of/ Grenanstown, Co. Tipperary/
            Ireland/ died Aug. 3, 1899, aged 72 years/ Rest in peace (foot-
            stone) T.M.
        c. In memory of/ my beloved husband/ John McNamara/ a native of/ Grenans-
            town, Co. Tipperary/ Ireland/ died Nov. 8, 1895/ aged 51 years/
            Rest in peace
        d. In memory of/ Elizabeth McNamara/ beloved wife of/ John McNamara/ died
            Dec. 17, 1929/ aged 86 years/ Rest in peace
20 In memory of/ James Barron/ died Dec. 22, 1881/ aged 78 years// and his wife/
        Elizabeth Barron/ died Sept. 16, 1886/ aged 76 years/ natives of
        the County/ Kilkenny, Ireland/ May they rest in peace
21 Patrick Barron/ husband of/ Margaret Barron/ died May 9, 1897// Kate Barron/
        daughter of/ James and Elizabeth Barron (2 footstones)
22 Ella A./ beloved wife of/ Thomas J. Ryan/ born Feb. 22, 1854/ died July 16,
        1890/ Pure and lovely in life/ we submit thee to God without fear
        (footstone) E.A. R.
23 Mary A./ beloved wife of/ Patrick Scally/ born Feb. 15, 1834/ died June 27,
        1894/ a native of the Parish/ Grenanstown, Co. Tipperary, Ireland/
        May her soul rest in peace (footstone) M.A.S.
24 In memory of/ Johanna Hanly/ beloved wife of/ Thomas Hanly/ a native of/ Gren-
        anstown, Co. Tipperary/ Ireland/ died August 28, 1892/ aged 76
        years/ Rest in peace
25 In memory of/ Maggie Hahn, beloved wife of/ Charles F. Hahn/ died Sept. 25,
        1899/ aged 50 years/ Gone but not forgotten (footstone) M.H.
26 In memory of/ Mary E. McNamara/ died Jan. 29, 1936/ Rest in peace (footstone)
        M.E.M.
27 (footstone--inscription not visible--grass overgrown)

Row 5 (continued) Section F

28 Gordon Winslow Green/ born Feb. 6, 1844/ died Oct. 21, 1906// Mary Rosalie
    Steuart Green/ born Sept. 27, 1846/ died June 20, 1905
29 William Saunders/ Green/ born Sept. 7, 1874/ died April 16, 1889
30 Charles Reverdy/ Green/ born Feb. 15, 1878/ died Oct. 12, 1930
31 In memory of/ Annie C. beloved wife of/ J. W. Carter/ died/ Jan. 29, 1905/
    May she rest in peace// In memory of Allen B./ beloved son of/
    J. W. and A. C. Carter/ born/ July 12, 1870/ died/ Aug. 22,
    1889/ May he rest in peace (footstone) W.C.
32 William J. Bowes/ Feb. 26, 1855/ Feb. 7, 1916/ R.I.P.
33 Mary A. Bowes/ died/ May 6, 1936/ Rest in peace
34 Mary E. Bowes/ Nov. 8, 1886/ Feb. 22, 1917/ R.I.P.
35 BURNS
    In memory of/ Julia/ beloved wife of/ Jeremiah Burns/ died Jan. 20,
        1892/ aged 72 years/ May she rest in peace// Mary A./ April 27,
        1860/ Jan. 2, 1934
    In memory of/ Jeremiah/ died Jan. 8, 1899/ aged 75 years/ May he rest in
        peace// William J./ Dec. 10, 1858/ Oct. 10, 1937/ Rest in peace
    M. J. Hanigan/ beloved husband of/ Julia B./ June 25, 1862/ April 19,
        1918// Julia G. Hanigan/ Feb. 26, 1863/ April 24, 1949// John/
        Jan. 9, 1906/ Jan. 1, 1919

Row 6

1 TIGHE
    Thomas Tighe/ died Sept. 12, 1916/ aged 78 years/ R.I.P.// Mary Dulaney/
        beloved wife of/ Thomas Tighe/ died March 12, 1912/ aged 69 years/
        R.I.P.
    Joseph V./ beloved son of/ Thomas & Mary D. Tighe/ died Jan. 5, 1909/
        aged 30 years/ R.I.P.
    (footstones) J.V.T.// Mother// Father// M.G.T.// J.F.T.
2 (one stone)
    DURKIN/ Thomas Megher/ 1870-1912
    REILLY/ Father/ James T./ 1853-1907// Mother/ Annie E./ 1849-1921
3 Daniel Lynch/ June 10, 1840/ Dec. 23, 1907// Annie Maria/ wife of/ Daniel
    Lynch/ Feb. 2, 1853/ April 20, 1908/ May their souls rest in
    peace
4 James J. Brown/ beloved husband of/ Mary A. Brown/ died 24 Aug. 1899/ May he
    rest in peace. Amen// James & Michael F.// William T. & John P./
    children of/ James J. and Mary A. Brown
5 Mary A. Brown/ beloved wife of/ James J. Brown/ born Feb. 5, 1839/ died Jan.
    3, 1913/ May she rest in peace. Amen
6 Daniel Gannon/ and/ Margaret Gannon
7 GREEN (curbstone)
    a. GREEN/ Frederick A./ 1883-1957// Rida Peake/ 1883-1979
    b. GREEN/ Frederick A./ 1852-1891// Emma F./ 1849-1941
8 C. P. KELLY (curbstone)
    a. KELLY/ Charles P./ 1826-1906// Sarah M./ 1832-1921// John J./ 1855-
        1891// Charles J./ 1867-1919// Bernard J./ 1855-1932
        MOYLAN/ P. J. Moylan/ 1868-1940// STREB/ Genevieve/ & Mary/ 1897-
        1897/ K. A. Moylan/ 1865-
9 DOWD/ John C. Dowd/ born Oct. 13, 1859/ died January 9, 1907
10 Mary Kelly/ wife of/ Michael Kelly/ died May 2, 1914/ Rest in peace
11 Michael Kelley/ died/ Aug. 24, 1893/ aged 50 years/ Rest in peace/ Erected
    by his wife Mary Kelley

Row 6 (continued) Section F

12. In memory of/ John Hamill/ a native of Co. Monahan/ Ireland/ died Sept. 28, 1860/ aged 69 years// Philip Hamill/ died July 24, 1854/ aged 28 years// Ellenor G./ wife of/ Bernard Hamill/ died Sept. 17, 1860/ aged 30 years// Bernard Hamill/ died Dec. 8, 1892/ aged 73 years/ R.I.P.
13. P. McDERMOTT (curbstone)
    a. Annie/ beloved wife of/ Peter McDermott/ died/ Jan. 16, 1877/ in the 30th year of her age/ May she rest in peace
    b. Mary/ daughter of Peter & Annie McDermott/ died May 1, 1894/ in the/ 21st year of her age/ May she rest in peace/ Amen
    c. Thy kingdom come/ Thy will be done/ Peter/ beloved husband of Annie McDermott/ died July 4, 1909/ aged 58 years/ May he rest in peace
14. In memory of/ William Hyland/ born in Co. Tipperary/ Ireland/ March 23rd 1832?/ died Aug. 8th 1892
15. In memory of/ Patrick Shea/ a native of Co. Galway, Ireland/ March 17, 1848/ January 2, 1898/ Rest in peace (footstone) Patrick Shea/ born March 17, 1848/ died Jan. 2, 1898
16. GOLDRICK (curbstone)
    a. GOLDRICK/ In memoriam/ Martin Goldrick/ a native of/ Co. Sligo, Ireland/ died Oct. 4, 1896/ aged 52 years/ R.I.P.// His wife, Catherine Goldrick/ a native of Co. Donegal, Ireland/ died Sept. 14, 1927/ aged 79 years/ R.I.P.
17. In memory of/ Ellen Doyle/ beloved wife of/ Matthew Doyle/ died/ March 18, 1913/ aged 84 years/ May she rest in peace
18. In memory of Matthew Doyle/ beloved husband of/ Ellen Doyle/ died/ February 15, 1896/ aged 60 years/ May he rest in peace
19. McNAMARA (curbstone)
    McNAMARA
    Ellen/ died Oct. 20, 1935// Mary/ died Dec. 8, 1914
    William/ died Sept. 5, 1898// Henry/ died Feb. 26, 1893// Jane/ died Sept. 16, 1902
20. (one stone)
    Bridget Sheehey/ May 3, 1831/ Jan. 1, 1904
    Michael J. Sheehey/ July 23, 1862/ Dec. 8, 1914// Margaret T. Sheehey/ died Oct. 23, 1930
    Mary A. Sheehey/ Oct. 24?, 1889/ March 10, 1910// Teresa C. Sheehey/ April 21, 1896/ March 25, 1910/ R.I.P.
    Ella Sheehey/ born & died Nov. 4, 1892// Wm. Paul Sheehey/ June 29, 1888/ April 25, 1908// Annie M. Sheehey/ April 10, 1894/ March 6, 1910
21. POWERS (curbstone)
22. McGREEVY
    In memory of/ Patrick McGreevy/ died May 27, 1898/ aged 70 years/ native of Co. Mayo, Ireland/ Parish Castlebar// Margaret/ died April 19, 1918/ aged 94 years
    Mary McGreevy/ born Dec. 11, 1854/ aged 11 months// Elizabeth McGreevy/ born July 6, 1868/ aged 9 mo & 3 days

Row 7

1. FRANK/ Margaret E./ 1876-1954// Charles J./ 1876-1960
2. BRENNON
   Mary A./ born/ July 9, 1859/ died/ July 14, 1939
   John T./ born/ Oct. 4, 1861/ died/ Nov. 1, 1925
   Mary M./ born/ May 26, 1895/ died/ Jan. 25, 1908/ Rest in peace
3. NORTON
    a. Edward A./ died/ Sept. 11, 1940
    b. Mary V./ died/ June 30, 1941

Row 7 (continued)   Section F

4 JOHN WM. FARRELL (curbstone)
   a. FARRELL/ Erected/ in loving memory of/ Betsy Anne/ born July 15,
      1929/ died June 5, 1941/ beloved daughter/ of/ John W. & Anita
      C. Farrell
5 J. F. MULLEN (curbstone)
   a. (one stone)
      M. G. Mullen/ 1863-1931
      J. F. Mullen/ beloved husband of/ Martha M. Mullen/ born Jan. 1,
      1835/ died May 11, 1900// M. M. Mullen/ beloved wife of/ James
      F. Mullen/ born June 23, 1832/ died Sept. 12, 1908/ Rest in
      peace
   b. (footstones) Father/ Mother/ Daughter
6 RILEY
   a. Father/ Charles D./ 1870-1933
   b. Edgar M./ beloved son of/ C. D. & J. M. Riley/ born/ June 23, 1897/
      died July 16, 1909/ May his soul rest in peace
7 NOEL (curbstone)
   a. Paul J. Noel/ Jan. 2, 1880/ Feb. 24, 1948
   b. Agnes M. Noel/ Dec. 24, 1884-_____
8 Father/ Philip/ husband of/ Mary A. Graziano/ born/ Ma...? 10, 1845/ died/
   August 2, 1897/ Rest in peace
9 Mother/ Mary A./ beloved wife of/ Philip Graziano/ born/ Sept. 29, 1843?/
   died/ Feb. 13, 1901/ Rest in peace
10 Mary Agnes Graziano/ Oct. 25, 1926/ Oct. 22, 1929
11 C. P. STEWART (curbstone)
   a. STEWART/ In memory of/ Joseph C./ beloved son/ of/ Charles P. &/ M.
      Theresa/ Stewart/ born/ Dec. 18, 1877/ died/ March 5, 1901/ Rest
      in peace
   b. Emma R. Stewart/ 1892-1959
12 REESE/ In memory of our dear parents/ 1855 John A. 1916// His wife/ 1865 Eva
   E. 1910// Gertrude/ Oct. 5, 1905/ July 1, 1962/ Requiescat in
   pace
13 MADDOX
   To my husband/ Pat'k. Maddox/ native of/ Wexford, Ireland/ died/ Jan. 12,
      1903/ aged 64 years// His beloved wife/ Maria/ died/ Aug. 6, 1911/
      Rest in peace
   Louis M. Murphy/ died/ April 6, 1970// His beloved wife/ Margaret A./
      died/ Nov. 5, 1938// and children/ Louis G./ aged 10 mos// Helen
      R./ aged 11 mos/ Rest in peace
14 (one stone)
   In memory of our beloved parents
   Edward White/ died/ Jan. 5, 1903/ aged 60 yrs/ They lived in peace/ not
      separated in death/ They died together
   Annie White/ died/ Jan. 1, 1903/ aged 58 years/ loved in life/ being
      united in death
15 Peter Winters/ 1880-1903
16 Fannie Winters/ 1850-1926
17 McCULLOUGH/ John J./ 1868-1907// John E./ 1904-1904// Ella 1879-1947
18 (a cross monument -- inscription partly below ground)
   In memory of/ Theodore/ husband of/ ...?... (footstone) T.P.
   NOTE: The church records show name Theodore Poltz--no record of
   wife's name or date of death)
19 BURNS/ R. Edward/ 1864-1943// Jane E. 1891-1943// Mary A./ 1872-1934/ Margaret/ 1905-1905

Row 7 (continued)   Section F

20 BYRNES/ Anastasia/ died Feb. 14, 1911
21 MURPHY/ John V. Jr.// Wilson// J. Vincent Sr.// Nellie E.
22 FURLONG/ Michael J./ 1858-1910// Mary G./ 1864-1942// Dorothy G./ 1893-
    1968

Row 8

1   KEARNS
2   (broken stone -- inscription hidden)
3   FITZPATRICK

Row 1a and 1b   Section G

1   J Q A HOLLOWAY (curbstone)
    a. HOLLOWAY (large monument)
       Mary Grace/ born Oct. 18, 1871/ died July 12, 1888/ daughter of/ Jno.
       Q. A. & Sue Holloway (footstone) M.G.H.// Edward Lee Holloway/
       born Oct. 14, 1862/ died April 9, 1913/ son of/ Jno. Q. A. & Sue
       Holloway (footstone) Edward Lee Holloway/ Oct. 14, 1862/ April
       9, 1913
           J. Q. A. Holloway/ born in Baltimore/ May 16, 1829/ died Jan. 14,
           1904 (footstone) J.Q.A. Holloway/ May 16, 1829/ Jan. 14, 1904//
           Susanna Holloway/ June 3, 1835/ Dec. 5, 1911 (footstone) Susanna
           Holloway June 3, 1835/ Dec. 5, 1911
           William E./ third son of/ J. Q. A. & Susanna Holloway/ died in San
           Rafael, Cal./ June 24, 1892/ aged 31 years (footstone) Wm. E.
           Holloway/ a perfect son/ His mother's tribute
    b. Patrick McKew/ of Co. Down/ Ireland/ died April 22d 1855/ in the 66th
       year/ of his age/ Calmly he resigned his breath/ and surely?
       may he sleep in death// Elizabeth McKew/ died Jan. 25th 1868/
       aged 63 years
           Sacred to the memory of/ Edward J. McKew// E. Hunter McKew// Edwardina
           McKew// transferred from/ Cathedral Cemetery/ Nov. 25th, 1886/
           Rest in peace
    c. Frank H./ beloved son of John? and/ ...?... Holloway (can't read the
       rest)
2   J. H. LINZEY (curbstone)
    a. J. H. LINZEY
       In memory of/ Hannah E./ beloved wife of/ James H. Linzey/ died July
       19, 1889/ aged 36 years 3 months & 24 days// James H. Linzey/
       born Oct. 24, 1840/ died Jan. 20, 1917 (footstones) H.E.L.//
       J.H.L.
       In memory of my mother/ Mary E. Shutes/ mother of/ James Linzey/ died
       Jan. 14, 1897/ in her 84th year// Howard/ beloved son of/ James
       H. and Hannah E./ Linzey/ died June 22, 1903/ aged 22 years/ 8
       months & 26 days/ R.I.P. (footstones) M.E.S.// H.E.L.
       In memory of/ William T. Linsey/ died July 15, 1879/ aged 6 months
       & 15 days// Charley R. Linzey/ died Oct. 27, 1882/ aged 1 month//
       May Linzey/ died July 12, 1889/ aged 5 years 3? months/ & 22 days/
       beloved children of Hannah E. & James H. Linzey/ Rest in peace
       (footstones) W.T.L.// C.R.L.// M.L.
       In memory of/ James E./ beloved husband of/ Bertha Linzey/ died March
       21, 1912/ aged 84 years &/ 6 months (footstone) J.E.L.

Section G

Row 1a and 1b (continued)

3. S. E. EICHELBERGER (curbstone)
   a. EICHELBERGER
      Sophie B./ wife of/ S. E. Eichelberger/ born June 12, 1848/ died August 2, 1890/ We have loved her in life, let us not forget her in death (footstone) S.B.E.
      Samuel E./ born Nov. 27, 1836/ died Nov. 10, 1899
4. JOHN SINNOTT (curbstone)
   SINNOTT
      Mary J.// Katie// Annie// Stephen J./ children of John and Bridget Sinnott
      Bridget Sinnott/ died Aug. 10, 1884/ aged 38 years
5. JAMES NOLAN (curbstone)
   a. Katie/ beloved daughter of/ James & Bridget A. Nolan/ died January 2, 1881/ aged 12 years
6. SINDALL (a large stone cross marks the family lot)
   a. M. A. Smick/ 1829-1877
   b. Father/ 1847-1910/ Jas. W. S.
   c. Mother/ 1858-1913/ Mary B. S.
   d. Son/ 1883-1950/ J. Howard S.
   e. J. Leo Sindall/ March 3, 1886/ December 22, 1946
   f. Gertrude A. Sindall/ March 3, 1886/ January 21, 1955
7. WILLIAM KELLY (curbstone)
   a. Father/ William Kelly/ born/ May 20, 1854/ died Oct. 31, 1911/ Rest in peace
   b. Mother/ Margaret C./ beloved wife of/ William Kelly/ born Aug. 15, 1860/ died Jan. 9, 1905
8. NORTON
      Lena K./ beloved wife of/ Jos F. Norton/ Feb. 19, 1873/ Jan. 1, 1909// Joseph F./ beloved husband/ died/ Jan. 7, 1926
      Joseph/ infant son of/ Jos. F. & Lena K./ Norton
9. NORTON/ Our beloved brother/ James L. Norton/ died June 20, 1931/ Rest in peace

Row 2a and 2b

1. DUNN
   a. Wm. F. Dunn/ 1874-1926
2. O'NEILL/ Charles/ born 1850 died 1897/ Rest in peace// Johanna/ born 1858/ died 1925// M. Joseph/ born 1883/ died 1906// Catherine/ born 1895/ died 1900 (footstones) C.O.// J.O.
3. (curbstone) (no name visible)
   a. Joseph Marechal Brown, Jr./ 1884-1940
   b. In His will is our peace/ my Jesus mercy/ J. Carroll Brown/ died/ November 17, 1928/ O Sacred Heart of Jesus/ I place my trust in Thee
   c. My Jesus mercy/ Joseph M. Brown/ died/ July 28, 1924/ O sacred heart of Jesus/ I place my trust in Thee
   d. My Jesus mercy/ Sallie Carroll Brown/ died/ February 2, 1933/ O sacred heart of Jesus/ I place my trust in Thee
4. (curbstone) (name overgrown)
   a. James McCormick/ Webster/ 1909-1969/ Lord have mercy
   b. Gertrude/ Lee/ Webster/ 1913-1974/ Faith and courage/ through her life
   c. Mary R. Webster/ October 2, 1962/ October 7, 1967/ Our angel Molly (stone has little lamb on top)

Row 2a and 2b (continued)   Section G

5 WM. L. LANAHAN (curbstone)
    a. O Salutaris Hostia'/ Mary Carroll Bach/ died/ August 16, 1901/
       Requiescat in pace
    b. The love of God urges me/ William Lanahan/ died February 27, 1912/
       Eternal rest grant unto him/ O Lord and/ let perpetual light
       shine upon him// Catherine C. Lanahan/ died/ February 13, 1920/
       Eternal rest grant unto her/ O Lord and let perpetual/ light
       shine upon her
    c. J. Lloyd Unduch/ died/ February 4, 1920/ O' crux ave ste unica
    d. Our first born/ Victor Wilson, Jr./ infant son of/ Victor & Gertrude
       L. Unduch/ Wilson/ died/ October 15, 1910
    e. Victor Wilson/ husband of/ Gertrude L. Unduch Wilson/ died/ July 14,
       1939/ "Jesus, Mary, Joseph"
    f. Gertrude Lee Wilson/ wife of/ Victor Wilson/ died/ December 24, 1952/
       "Jesus, Mary, Joseph"
    g. Claire Ewing Wilson/ Sept. 12, 1911/ Dec. 21, 1961/ "Jesus, Mary,
       Joseph"
6 Arthur C./ Delevingne/ March 18, 1856/ December 5, 1901/ his beloved wife/
       Katharine K./ Delevingne/ August 27, 1858/ April 23, 1943/
       Requiescat in pace
7 Mary R. Scott/ died March 4, 1926/ age 53 years/ at rest
8 (footstone) Sister
9 WILLIS/ Father/ Edward J./ 1870-1953// Mother/ Mary A./ 1874-1931
10 (broken stone--top separated from base) Catherine Connor/ died/ June 29, 1891//
       Eugene Connor/ died/ May 19, 1923// Beaujean & Ambrose/ children
       of Beaujean & Nellie Connor

Row 3a and 3b

1 L. H. URBAN (enclosure)
    URBAN (large, tall monument)
       In memory of/ my beloved husband/ Lewis H. Urban/ born/ August 22,
       1850/ died/ August 1, 1889// His wife/ Anna M. Urban/ February 9,
       1860/ February 19, 1957 (footstone) Father
       In memory of/ Theo. L. Urban/ born/ Jan. 17, 1885/ died/ April 3, 1932
       (footstone) Theodore L.
       In memory of/ Marguerite B. Urban/ born/ July 21, 1889/ died Jan. 20,
       1985 (footstone) Mother
2 J. A. BOKEL (curbstone)
    a. BOKEL/ Dorothy/ Mar. 30, 1893/ July 5, 1970// Antoinette/ Feb. 1, 1899/
       Feb. 1, 1978// J. Anton/ Oct. 8, 1864/ Mar. 12, 1933/ His beloved
       wife/ Helen T. Gallagher/ Mar. 30, 1862/ April 22, 1941// Paul A./
       Feb. 28, 1897/ Dec. 4, 1937
    b. Helen/ daughter of/ ...?... & H. T.? Bokel/ died/ March 28? 1898/ aged
       3 yrs.
3 ECKER (footstones) J.T.E.// M.H.// J.H.// J.G.E.// D.E.// S.J.E.// C.E.E.
4 SHEA/ To my beloved husband/ Dennis F. Shea/ died/ January 19? 1902/ in the
       38th year of his age// ...?... infant son/ John/ aged 4 months//
       Mary E. Shea/ beloved wife of/ Dennis F. Shea/ died December 18,
       1908/ in the 37th year of her age
5 HART (curbstone)
    HART
       1902 Eugene E. 1922
       1862 Mary 1918/ beloved wife of/ James Hart// 1881 Daisy 1904// 1890
       Nellie 1911// 1879 Charles 1920// 1855 James 1937

Row 3a and 3b (continued)   Section G

6   MULLIGAN/ James Mulligan/ died/ May 23, 1904/ aged 65 years// Annie Mulligan/ died/ May 30, 1902/ aged 61 years/ Rest in peace
7   WAGNER/ Anna M. died Jan. 18, 1951/ Charles W./ died Jan. 24, 1952
8   JOSEPH KIRBY (curbstone)
    a. Joseph Kirby/ died Oct. 9, 1902// Mary Fitzpatrick Kirby/ died Dec. 25, 1919
    b. Mary Elizabeth Kirby/ died Dec. 26, 1946
    c. Agnes Gertrude Kirby/ died Oct. 30, 1956
9   Mary E. Lacey/ July 17, 1875/ May 25, 1938/ Rest in peace// John P. Lacey/ April 9, 1873/ Sept. 3, 1920/ Rest in peace
    William J. Lacey/ May 10, 1900/ April 12, 1933
10 John J./ beloved son of/ John J. & Elizabeth Dodd?/ born Nov. 16, 1895/ died Nov. 17, 1904/ R.I.P.
11 Frank Sheeler/ 1855-1929
12 Genevieve Sheeler/ 1859-1937
13 HOUSTON/ Charles, April 13, 1880/ May 27, 1938// Margaret A. Jan. 22, 1885/ Nov. 6, 1976
14 GALLAGHER (curbstone)
    GALLAGHER
        Elizabeth M. Gallagher/ 1869-1942
        (footstones) G.E.G.// C.I.G.// Mother
15 Mother/ Beatrice E. Hayden/ 1920-1973
16 REZAR/ Cecilia/ Feb. 7, 1889/ May 20, 1955

Row 4a

1   David P. Sindall/ Jan. 29, 1834/ Oct. 3, 1911/ Rest in peace
2   David Paul Sindall, Jr./ July 14, 1876/ February 4, 1948
3   Caroline A. Sindall/ Dec. 29, 1842/ Sept. 15, 1923/ Rest in peace
4   Lyven Carroll/ March 5, 1904/ March 5, 1906
5   Elizabeth A. Sindall/ June 15, 1882/ December 12, 1958
6   Robert E. Blatchley/ 1850-1924/ 1851 Margaret A. 1917/ beloved wife of/ Robert E. Blatchley// 1874 James Edward 1889// 1890 Florence E. 1893
7   HAYES/ Henrietta 1917-   / Frank E./ 1916-1970
8   MATTHEWS/ Delia Carroll/ 1867-1919// Henry A./ 1859-1928/ Mother/ Father
9   Margaret McCormick/ Carroll/ Jan. 6, 1843/ Feb. 18, 1921/ wife of/ Moses F. Carroll
10 Joseph L. Carroll/ Aug. 20, 1878/ June 15, 1908/ son of/ Moses F. & Margaret McC./ Carroll
11 RYAN/ Father/ William/ 1850-1919// Son/ Wm. J./ 1882-1910// Mother/ Mary Anne/ 1857-1929 (footstone) RYAN

Row 4b

1   MULLIGAN/ Thomas M./ 1868-1908// his wife/ Katherine/ 1863-1947
2   James French/ Sept. 8, 1850/ Nov. 18, 1908// Katherine A. French/ Dec. 7, 1859/ Feb. 16, 1909/ Rest in peace
3   VINCENT
    a. Anna M. Carroll/ March 27, 1861/ February 8, 1927
    b. William Paul/ April 15, 1870/ March 10, 1927
4   John Carroll/ 1904-1939

Section G

Row 4b (continued)

5. JENDREK
   a. John C./ 1869-1931
   b. Mary J./ 1869-1946

Row 5a

1. Sarah A. Dohony/ daughter of/ Eliza & the late Nicholas/ Dohony/ died July 21, 1904/ aged 45 years/ May she rest in peace
2. In memory of/ Eliza Dohony/ wife of/ Nicholas Dohony/ died Apr. 14, 1921/ R.I.P. (footstone) E.D.
3. In memory of/ Nora Dohony/ daughter of the late/ Nicholas & Eliza/ Dohony/ 1872-1935/ R.I.P. (footstone) N.D.
4. Father/ Edward Devoy/ beloved husband of Mary Devoy/ born Feb. 12, 1855/ died Feb. 18, 1896/ a native of Co. Wicklow, Ireland// Annie Devoy/ born April 27, 1890/ died May 2, 1895// Esther Devoy/ born May 2, 1894/ died Dec. 23, 1899 (footstone) E.D./ A.D./ E.D.
5. Mother/ Mary Jane Devoy/ beloved wife of Edward Devoy/ born Feb. 14, 1869/ died Dec. 26, 1940/ a native of Co. Wicklow, Ireland/ At rest
6. Nannie V./ beloved wife of/ W. S. Franklin/ & daughter of J. W./ & the late A. C. Carter/ born July 20, 1867/ died Oct. 24, 1907/ Rest in ...?...
7. Rosa/ beloved daughter of/ James A. & Sarah Meade/ born May 16, 1890/ died June 3, 1908/ May she rest in peace
8. Florence E./ beloved daughter of/ James A. & Sarah A. Meade/ born Oct. 3, 1878/ died Sept. 23, 1911
9. Isabella/ beloved wife of/ Calvin D. Ramsey/ daughter of/ James A. & Sarah A. Meade/ born May 1893/ died July 1922/ Immaculate Mother pray for her/ R.I.P.

Row 5b

1. Sacred to the memory of/ our mother/ Mary Martin/ born/ in Co. Tipperary/ Ireland/ died/ Sept. 9, 1905/ May her soul rest in peace
2. Nellie C./ beloved daughter of/ James A. & Sarah Meade/ born Dec. 25, 1894/ died Aug. 14, 1912/ May she rest in peace/ There are no partings in heaven
3. Sarah A./ beloved wife of/ James A. Meade/ 1857-1915// Sarah M./ beloved daughter of James A. & Sarah A. Meade/ 1884-1915/ And let perpetual light shine upon them
4. James A./ beloved husband of/ Sarah A. Meade/ born Aug. 1849/ died Sept. 1923/ My Jesus mercy and let perpetual light shine upon him/ R.I.P.
5. KELLY (curbstone)
   a. KELLY (large monument--no names or dates)
6. MULLIGAN
   a. John P. Mulligan 1869-1909
7. FIELDS (no names or dates)

Row 6a

1. FARRELL (curbstone)
   a. FARRELL/ Mary Roche/ 1841-1907// John/ 1847-1930
   b. John Farrell, Jr./ 1868-1945
   c. Kate Roche/ 1850-1910

Section G

Row 6a (continued)

1 FARRELL (curbstone) (continued)
      d. Joseph A. Farrell/ 1875-1948
      e. Mary A. Farrell/ 1873-1952
      f. Ann C. Farrell/ 1871-1944
2 Robert R. Lane/ Sept. 27, 1880/ Oct. 31, 1959
3 Catherine W. Gibson/ Sept. 17, 1867/ Aug. 21, 1909/ by her children
4 Cecilia Gibson/ Lane/ Dec. 23, 1890/ Jan. 18, 1967
5 In memory of/ Regina F. Stoll/ born/ September 16, 1888/ died/ March 21, 1916 (footstone) R.F.S.

Row 6b

1 VINAL/WHITEFORD (curbstone)
      In loving/ remembrance of/ Dr. Walter H. Vinal/ died/ Sept. 27, 1909/ aged 35 years// May Irene/ daughter of/ Dr. A. X.- A.C./ Whiteford/ died Nov. 11, 1910 (footstone) M.I.W.
2 Andrew Heldman/ born Sept. 15, 1911/ died July 14, 1880/ Anna M. Heldman/ born May 8, 1815/ died Jan. 8, 1880/ R.I.P./ Parents
3 ROSSITER
      a. ...?... Co. Wexford, Ireland/ died Aug. 15, 1910/ age 59 years/ R.I.P./ Mother
      b. Sacred to the memory of/ John Rossiter/ born Feb. 17, 1849/ Co. Wexford, Ireland/ died Oct. 7, 1911/ aged 61 years/ R.I.P./ Father

Row 7

1 (fallen stone--hiding inscription)
2 WHITING/ Mary B. 1874-1962// Samuel A./ 1869-1955
3 In memory of/ Julia Toomey/ native of Cork Co./ Ireland/ died October 25, 1913/ aged 77 years/ R.I.P.
4 WALLACE/ Michael/ born 1853/ died -____/ native of Co./ Wexford, Ireland// Catherine/ his wife/ born 1847/ died Dec. 24, 1921/ native of Co./ Tyrone, Ireland
5 Mother/ Elizabeth A. Love/ beloved wife of/ Benjamin F. Love/ 1867-1937// Frank A. McDonald/ 1858-1917/ Asleep in Jesus
6 Pierre Chetodal// Louis Brazzard// Louis Gouger// Joseph Mevel// Marins Francais/ 1918
      a. Pierre Chetodal/ decede/ October 16, 1918// Louis Brazzard/ decede October 16, 1918
      b. Joseph Mevel/ decede/ August 15, 1918
      c. Louis Gouger/ decede/ October 24, 1918

Section H

Row 1

1 HAYWARD
      a. Francis Sidney/ son of/ F. S. & H. M. Hayward/ 1904-1918
      b. Francis Sidney Sr./ husband of/ Henrietta Hayward/ 1867-1953
      c. Henrietta M./ wife of/ Francis Sidney Hayward Sr./ 1867-1958
      d. Edward B./ son of/ Thomas B.& Helen M. Hayward/ 1872-1959
      e. Florence/ daughter of/ Thomas B. & Helen M. Hayward/ 1880-1961
      f. Daniel A. Hayward 1863-1930

Section H

Row 1 (continued)

2. CAMPBELL
    a. Mother/ Frances L. Campbell/ 1872-1917
    b. Francis Sidney Sr./ husband of/ Henrietta Hayward/ 1867-1953
    c. Son/ Percy J. Campbell/ 1897-1967
3. Joseph A. O'Brien/ 1907-1958
4. Catherine O'Brien/ died July 31, 1934
5. Grant J. Campbell/ husband of/ Mildred R./ 1904-1971

Row 2

1. FOREMAN/ Eleanor T./ 1882 Mother 1957// William A./ 1881 Father 1965
    a. Eleanor/ devoted wife/ rest in peace
2. Catherine F./ beloved wife of/ Christian J. Lortz/ 1903-1938
3. Gertrude M. McCann/ 1881-1940
4. J. Bagley McCann/ 1876-1925
5. Leo T. McCann/ 1883-1918
6. Julia H. McCann/ 1880-1970
7. Catherine M. McCann/ 1913-1974
8. Mary Hughes Norris/ born Dec. 26, 1899/ died Feb. 21, 1939/ Heaven her reward
9. Margaret C. beloved wife of J. Howard Norris/ 1882-1917/ Asleep in Jesus
10. Thomas J. Newell/ 1869// Catherine Newell/ his wife/ 1867-1917 (footstone) C. N.
11. KLUG/ Clement L./ 1880-1961// Catherine C./ 1887-1937

Row 3

1. LORTZ/ Helena T./ 1871-1954// John/ 1867-1954
2. WESTERFIELD (large stone, surrounded by fir trees)
3. Carrie C./ beloved wife of/ Charles J. O'Brien/ October 14, 1888-Sept. 14, 1916/ Our sweet mother
4. M.A.D.

Row 4

1. (one stone)
    QUINN/ Ethel C./ 1889// Martin L./ 1890-1956
    BLANKFARD/ Mary Jo/ 1925-1970

Row 5

1. FENWICK/ James Benedict/ March 20, 1862-Oct. 13, 1917// Anna/ May 12, 1893- Apr. 26, 1938
2. WEATHERLEY/ Mary Frances/ Sept. 2, 1865-May 1, 1942// James Coe/ July 22, 1860-March 25, 1937
3. WAGNER/ Alphons J./ Aug. 2, 1871-Mar. 26, 1916// Sarah E./ Oct. 4, 1879- May 12, 1967
4. McCOURT (curbstone)
5. In memory of our father & mother/ Thomas Cullen/ died Oct. 19, 1915/ aged 63 years// Mary A./ died Feb. 24, 1917/ aged 59 years/ May they rest in peace

Row 5 (continued)   Section H

6   James Wilson Weatherley/ PFC US Army/ World War I/ July 26, 1896-Nov. 22, 1982
7   EDWARD RIDER (curbstone)
    a.   Edward Rider of J./ 1855-1915
    b.   Annie E. Rider/ 1866-1923

Row 6

1   William P. Farrell
2   P. J. HEALY
3   SMITH/ Harry T./ 1891-____// Bessie V./ 1893-1949// Thomas J./ 1853-1919
4   (footstone) J. R.
5   BAKER
6   PARRISH/ Henry C. Parrish/ died Dec. 8, 1921/ aged 77 years
7   Mary A. Parrish/ died Dec. 28, 1915/ aged 72 years

Row 7

1   DUKE
2   George H. Rahll/ Apr. 2, 1869-Nov. 4, 1949// His beloved wife, Annie M./ July 30, 1874-June 16, 1917
3   Victorine Baldwin/ 1867-1934/ At rest
4   Beloved husband/ Sylvester Baldwin/ born 1853-died 1918/ Rest in peace
5   Son William A./ 1888-1948
6   KLUG (curbstone)
       KLUG
          a.   Barbara M./ 1841-1918
          b.   Charles F./ 1875-1948
          c.   Joseph A./ 1838-1916

Row 8

1   HUBER/ Cora F. Huber/ Jan. 28, 1877/ Dec. 13, 1962// Matthew W. Huber/ March 28, 1881/ Jan. 19, 1963
2   Leroy M. Huber/ 1905-1917
3   KELLY/ Michael J. Kelly/ May 8, 1858// Sarah Kelly/ June 11, 1853/ Feb. 24, 1915// James Kelly/ Aug. 31, 1873-Sept. 10, 1894

Row 1   Section K

1   HAYWARD
       Dr. Thomas Baxter/ 1836-1919// Helen Maria/ 1845-1944/ Dr. Eugene Henderson/ 1877-1958
       Thomas Stille/ 1865-1923// Savilla Jane Bussey/ 1835-1926// Edward Bernard, Jr./ 1920-1934
2   SCHNEIDER
       a.   Andrew G./ 1872-1930
       b.   Katharin/ 1875-1946
       c.   Katharine B./ Yuhn/ 1900-1975

Row 1 (continued) Section K

3 JUDGE
   Arthur I./ 1876-1962// Gertrude E./ 1873-1960// Marie B./ 1916-1933
   Gertrude C./ 1906-1975// William C./ 1930-1941
3 COOK/ Requiescat in pace
   a. A. Viola Cook/ Pritchard/ 1884-1931
   b. Minnie A. Cook/ May 7, 1895/ December 16, 1919
   c. Carrie M. Cook/ Gisriel/ 1881-1960
   d. Sarah A. Cook/ 1858-1921
   e. Lewis D. Cook/ 1856-1918
5 Frank Lyons/ Cox U.S. Navy/ World War I/ Aug. 22, 1897-Oct. 2, 1982
6 William L. Unduch/ beloved husband of/ Mai Uhler Unduch/ died March 24, 1928 (on back of stone) William Lanahan Unduch
7 R.I.P./ Mai Uhler Unduch/ beloved wife of Wm. L. Unduch/ died January 28, 1927
8 Thomas M. Carroll/ a perfect husband/ a tribute from his wife (on back of stone) Thomas Myer Carroll/ beloved husband of/ Gertrude Gough Carroll/ died/ July 2, 1918
9 Gertrude Gough/ Carroll/ died Feb. 2, 1944
10 BANNAN/KANE (curbstone)
11 In memory of/ Samuel H. Brooks/ born Oct. 25, 1851/ died -____
12 In memory of/ Anne M. Brooks/ born/ Feb. 13, 1854/ died/ Oct. 26, 1914/ aged 60 years/ May she rest in peace (footstone) A.M.B.
13 In memory of/ Charles W. Brooks/ born/ Sept. 24, 1848/ died/ Jan. 16, 1915/ aged 66 years/ May he rest in peace (footstone) C.W.B.
14 MONAGHAN/ Owen F. Monaghan/ 1856-1916// Mary E. Monaghan/ 1866-1931/ Rest in peace (footstones) Father/ Mother
    a. Katherine M. Monaghan/ 1897-1948
    b. Gertrude E./ Monaghan/ 1894-1949
15 STARR/ Dennis F./ Sept. 20, 1852-Sept. 30, 1922/ Catherine M./ Nov. 8, 1852-July 29, 1925// Katherine R./ March 11, 1889-Aug. 9, 1914// Sister-Mother-Father
16 Rev. Mathias A. Fenne/ ordained Dec. 23, 1876/ Nov. 21, 1852-June 20, 1916
17 INGRAM/ Honorah A./ 1867-1940// John L./ 1864-1941
18 Husband/ Thomas A. Smith/ 1883-1951
19 Husband/ Thomas Gordon Smith/ 1917-1974
20 In memory of/ Mary Bertha Reeder/ beloved wife of/ W. Williamson Carr/ April 17, 1870-August 27, 1914/ My soul hath hoped in the Lord
21 LORDEN (curbstone)

ST. MARY'S CEMETERY

INDEX

... Ella T: 28
... Grace O: 28
... Lillie P: 28
... Louisa R: 28
... Margaret: 14
... Robert: 14
ADAM: Aloysius M 9 Elizabeth 9 John 9
ADAMS: Margaret 11
ADY: Edward H 26 Francis 20 Henrietta M 26
AHERN: Anna Cecilia 26 John 26 Rev John Alex 26
ANNEN: Henry 2
ARMSTRONG: Edward Vincent 21 G E? 21 Martina 21 T C? 21
ATKINS: Mary Aidt 1
ATKINSON: Henry B 23 Sarah A 23
BACH: Mary Carroll 39
BAKER: 44 Elizabeth 24 Honora 24 Jemima 24 John 24 Mary 24 Mary Ann 24 Matthais 24 Peter 24
BALDWIN: Sylvester 44 Victorine 44 William A 44
BALLS: Bartholomew 31 Elsie L 31 Eva 31 Herbert F 31 Rebecca A 31
BAMBERGER: John W 6
BARBOUR: Joseph 19
BARRENGER: Alice 20 Barbery L 20 John Augustus 20 John F 20 John Sr 20 Lewis L 20
BARRETT: Joseph 18 Mary R 18 Sophia 18
BARRON: Ann 24 (Baby) Julian 29 Elizabeth 33 Elizabeth C 29 James 33 John M. D. 29 Julian P 29 Kate 33 Margaret 33 Mary 33 Patrick 33
BAUER: Joseph A 6 Mary C (Gerben) 14 Mary Elizabeth 6 Robert J 14
BAXTER: Dr Thomas 44 Helen Maria 44
BENNETT: Catherine 11 Catherine (Campbell) 15 John 11 Thomas 15
BERNARD: Edward Jr 44
BIDDLE: Lydia 2
BILZER: Carrie 4 Edward 4 Helen 4
BISHOP: Mary H 3 Wm H 3
BLANKFORD: Mary Jo 43
BLATCHLEY: Florence E 40 James Edward 40 Margaret A 40 Robert E 40
BLESSING: Ida 29
BLOOM: Julia 6
BOGGS: Annie R 29 Edna B 29 Elizabeth 29 Minnie J 29 Virginia K 29

BOGGS (continued): Walter J. 29 William 29 William J 29
BOKEL: Antoinette 39 Dorothy 39 H T? 39 Helen 39 Helen T Gallagher 39 J A 39 J Anton 39 Paul A 39
BOLAND: Mary 32
BORDEN: Patrick J 31
BORGERDING: Edward F 25 Jean M 25
BOSLEY: Ellenor 21 Gamaliel 21 John 21 Joshua 22 Matilda R 22 William T 22
BOYD: Harry Parker 25 Jas 11 Marbury Brewer 25 Mary S 25
BOWES: Mary 5 Mary A 5, 34 Mary E 34 Patrick 5 William J 34
BRADLEY: I 8
BRADY: Anastasia 25
BRATTON: Eugenia F 22
BRAZZARD: Louis 42
BRENNAN: Margaret 1 Mary 1 Nicholas 1 Patrick 4
BREWER: Albina D 25 Dr Marbury 25
BRODERICK: Edward 13 Ellen J 12 Harry E 13 John T 13 Joseph B 13 Sadie 13 Sarah T B 13 William E 12 William P 13
BROOKS: Anne M 45 Charles W 45 George W 27 Mary B (E?) 27 Samuel H 45 Theresa M 27 William P 27
BROWN: Anne M 30 Carroll V 15 Fannie R 12 Hugh J 15 J Carroll 38 James 34 James J 34 Johanna 30 John P 34 Joseph M 38 Joseph Marechal 38 Leo J 15 Mary A 15, 30 Mary Ann 30 Mary Clare 32 Mary Teresa 12 Michael 32 Michael F 34 Paul C 12 Robert 32 Robert C 12 Robert V 30, 32 Sallie Carroll 38 Sarah 32 William T 34
BRYAN: Elizabeth 23 John 23 Maggie E 23
BRYNE: Bridget A 7 Catherine 8 Catherine E 8 Kate A 7 Laurence 7 Martin G 8
BRYNES: Anastasia 37 B 32 James B 32 Joseph 32
BUCKLEY: Jane 6
BURKE: 26 Bernard 2 Bernard J 2 Betty 23 Catherine 3, 5 C E 3 Chloe Ady 23 Ellen 5 Emma R 2 James B 32 John 5 Mary 12 Mary W 9 N Chas 23 Nicholas Charles 23 Theresa M 32 Thomas 5 Thomas N 32 W L 3 William 12 William T 9
BURNS: Jane E 36 Jeremiah 34 Julia 34 Margaret 36 Mary A 36 Michael 25 R Edward 36 William J 34
BUSSEY: Savilla Jane 44

BUTLER: John H 27 Mary 27
Victorine P 27
CALLAGHAN: Bridget C 1
CALLAN: Annie 4 Bernard 4
CAMP: Anna Louise 2 Eliza Holmes 2
Joseph 1, 4 Josephine 2, 4 Mary
Josephine 4
CAMPBELL: Catherine Bennett 15
Frances L 43 Francis Sidney Sr 43
Grant J 43 Margaret M 15 Mildred
R 43 Patrick 15 Percy J 43 Peter 15
CAREY: Annie E 32 Cornelius J 32
Hannah 32 John P 32
CARLIN: Sarah A 15
CARR: W Williamson 45
CARROLL: Annie M 40 Bridget 24
Delia 40 Gertrude Gough 45 John 40
John T 24 Joseph L 40 Lucy A 30
Lyven 40 Mamie 24 Margaret McCormick
40 Moses F 40 Nellie 24 S John 30
Thomas M 45 Thomas Myer 45 Timothy
24 Willie 24
CARTER: A C 41 Allen B 34 Annie C 24
J W 34, 41
CASSIDY: Catherine 13 Elizabeth 29
Capt Francis 13 Frank D 13 Capt
John 13 Mary T 32 Robert V 13
Sarah 3 Thomas R 32
CASSIN: Mary 17
CHEATHAM: L Wicfall 6 Margaretta
Wellmore 6
CHETODAL: Pierre 42
CHRISTOPHER: E C 19
CHRYSTAL: Anne V 7 Bessie 7 Ellen
Jane 7 Jerome E 7 John 7 Margaret
Clark 7
CLANCEY: Agnes 6 John D 6 Malissa
18 Matthew 18
CLARK: Bridget 18 Catherine 9, 18
Elizabeth A 30 Eva M 19 Grason
Aloysius 23 Helena M 6 James A 30
John 19 John P 19 Katie E 30 Marion
C 6 Mary 9, 18 Matthew 18 Sarah
Jane 19 Thomas 9 Wm H 19
CLINTON: Bridget 3 Ella 3 James J 3
Margaret 3 Patrick 3
COLE: Elizabeth 6 Ellen 6
CONNAUGHTON: Bridget 22
CONNOLLY: Charles F 26 Ignatius
Loyola 24 John B 26 John E 24 John
F 24 Jno Whitridge 26 Lexius Joseph
24 Laura Marie 26 Louisa May 26
Mary M 26 Sarah 24 Sarah A 24 Sarah
Jamima 24
CONNOR: Ambrose 39 Beaujean 39
Catherine 39 Eugene 39 Nellie 39
CONSIDINE: Bridget Agnes 5 James 5

CONSIDINE (continued): Joseph 5
Joseph P 29 Margaret M 29 Susan 5
COOK: A Viola 45 Carrie M 45 Lewis
D 45 Margaret E 3 Minnie A 45
Sarah A 45
COOKE: Wm t 16
COOPER: Anna 8 Leo J 8 Michael 5
Patrick J 8
COOTE: Margaret 4
COYLE: Bridget 25 Catherine 25 Catherine A 25 John T 24 Mary E 25
Patrick N 25 Thomas 25
CRAIG: Sarah E 28
CRONIN: Catherine 22 Ellen 7, 22
John 22 Patrick 7 Timothy 22
CROSBY: Marion 8
CROWE: Bridget 19 Cornelius L 8
James F 19 Kate 8 Margaret 19
Miles 19 Miles H 19 Theresa J 8
CULLEN: Mary A 43 Thomas 43
CUNNINGHAM: Catherine 15 Dennis 15
CURRAN: Catherine 20 David 20
CURTIS: Mary A 10
DAILEY: Elizabeth 11
DAME: D L 30
DAMES: Augustus 17 Charles 17 Diana 17
John F 18 Mary E 18
DeBAUGH: Charles 9 Charles Raymond 9
Oliver Phillip 9
DELANEY: Mary 14
DELEVINGNE: Arthur C 39 Katherine K 39
DeMAIN: Jeanette C 15
DERRY: Hugh Edward 11
DeVOY: Annie 41 Edward 41 Esther 41
Mary 41 Mary Jane 41
DeWEES: Amanda C 20 Catherine A 20
Joseph 20 Samuel E 20 Susannah 20
DIGGS: Charles H 28 Mary Angela 28
Mary E 28
DILLEHUNT: 8
DODD: Elizabeth 40 John J 40
DODDY: Henrietta T 18 John J Jr 18
DOHONY: Eliza 41 John 20 Lawrence 20
Nicholas 20, 41 Nora 41 Sarah A 41
Thomas 20
DONAHUE: Andrew 30
DONNALLY: Daniel 3 Margaret 3
DONNELLY: Bernard 7 Chas 5 Edward C
7 Iones E 5 John 7, 10 Julia 7, 8
Julia O C 7, 8 Lawrence 4 Margaret
7 Mary 10 Patrick 7 Peter F 7
DONOVAN: Bridget 4 Helen M 27 Patrick
4 Patrick II 4
DORRIDA: Mary E 16
DOWD: John C 34 Josephine 4 Mary 4
Michael 4 Thomas 4
DOWLING: Michael J 11 Richard 11

DOWNEY: Ellen 31 Mary E 31 William 31
DOYLE: Ellen 35 Martin 10 Mary A (Curtis) 10 Mary (Kane) 10 Matthew 35
DUFFY: 6 Alice 9 Catherine 9 James 9 James A 9 James Mary Joseph 9 Kate 9 Marie B 29 Thomas B 9
DUGAN: Ellen 27 James 27
DUGGAN: Alice 26 Rev Francis P 26 John F 26 Timothy H 26
DUKE: 44 Augustin W 8 Cecelia 7 Cecelia B 7 Elma G 29 Emma E 7 Helen L 29 Ida J 29 Jas B 7 J B 7 J William 8 Joseph W 29 Josephine Victoria 8 M A 7 Myrtle B 29
DUKEHART: Mary McCabe 25 T A Bain 25
DULANEY: Mary 34
DUNN: Bridget 28 Daniel 28 Mathew 28 Wm F 38
DURKIN: Thomas Magher 34
DWYER: Daniel J 25
EATON: Mary 22
ECKER: C E E 39 D E 39 J G E 39 J H 39 J T E 39 M H 39 S J E 39
EICHELBERGER: Samuel E 38 Sophie B 38
ELLIS: James 18 Mary 18 Thomas D 18
EMERY: Albert J 15 Alice E 15 Ernest W 15 Ernest W Jr 15
EWING: John T 8 Mary T 8
FAHELY: John W 30
FAHEY: Ellen 19 Michael 18
FALLON: Arabella 12 Bernard 12 Catherine 12 D Robert 4 Daniel J 4 Dominick 12 Eddie 4 Rebecca M (Becky) 4 S Neta 4
FARMER: Ann C 28 Bernard J 28 John F 28 Margaret M 28 Mary A 28 Patrick J 28 Terrence J 28
FARRELL: Anita C 36 Ann C 42 Betsy Anne 36 John 41 John Jr 41 John Wm 36 Joseph A 42 Mary A 42 Mary Roche 41 William P 44
FAY: Lawrence 5 Mary 5
FENNE: Rev Mathias A 45
FENWICK: Anna 43 James Benedict 43
FIELD: Peter 20 Peter Jr 20
FIELDS: 41 Elizabeth 20 Luke 20 Mary 20
FINGLES: Nellis M 20 Thomas J 20
FINN: Edward 18 John 18 Matthew

FINN (continued): 10 Patrick 18 Sarah J 10
FINNAN: Francis P 23 Honora 22 James B 22 Nannie Sherry 23 Owen 22 Peter B 23
FISHER: Anna G 14 Bessie Kearney 14 Edgar 14 Ethel M 22 John M 14 Molyneaux J 14, 22
FITZGERALD: John 15 John T 15 Philomena E 15 William E 15
FITZPATRICK: 8, 9, 37 Ella A 3 Mary 40
FLYNN: Catherine 14 John 14 Margaret 14 Mary A 14
FOLEY: Bridget J 14 Eliza T 14 John T 14 Lucy 30 Margaret 14 Patrick 14
FOREMAN: Eleanor T 43 William A 43
FORIEN: Margaret 1 Robert J 1 Dr Wm F 1
FORD: Acchilless 17 Anastasia 17
FOX: Henry 2 Mary 2
FRANCAIS: Marins 42
FRANK: Charles J 35 Margaret E 35
FRANKLIN: Nannie V 41 W S 41
FRENCH: James 40 Katherine A 40
FREEZE: Robert F 25
FURLONG: A Marie 22 Anastasia 22 Annie G 22 Dorothy G 37 Mary G 37 Michael J 37 Philip J 22 Walter 22
FUSSELL: Joseph E 1
GALLAN (see CALLAN): Annie 4 Bernard 4
GALLAGHER: C I G 40 Elizabeth 15, 40 Francis P K 15 G E G 40 Helen T 39 Hugh J 15 Hugh J Jr 15 Margaret 15 Margaret A 15 Patrick 15
GALLOWAY: Anne B 27
GANEY: Jennie 30 Margaret C 30 Timothy 30
GANNON: Daniel 34 Margaret 34
GARITY: Mary 18
GARRETT: Joseph Ashton 31
GERBEN: Mary C 14
GIBSON: Catherine W 42 Cecilia 42
GILLACE: Anne C 3
GILLESPIE: Howard 16 Sallie B 16 Walter S 16
GLADFELTER: Riley 8
GOLDRICK: Catherine 35 Elizabeth 20 Johanna 19 Jas W P 19 Martin 35 Patrick 20
GOOLSBE: Mary C 2
GORDON: Annie 4 Thomas 4
GOUCHEFH?: 20
GOUGER: Louis 42
GOUGH: Gertrude 45
GRAY: D C 6 Susie H 6
GRAZIANO: Mary A 36 Mary Agnes 36

GRAZIANO (continued): Philip 36
GREEN: Charles Reverdy 34 Emma F 34 Frederick A 34 Gordon Winslow 34 Mary Rosalie 34 Rida Peake 34. William Saunders 34
GREENE: Phyllis A 25
GUIDAR: Daniel 4
GUTRIDGE: Margaret C 16 Samuel P 16
HAHN: Charles F 33 Maggie 33
HALLIGAN: Edward 10
HALPIN: Bridget 29 John 29
HAMILL: Annie E 5 Bernard 35 Ellenor G 35 John 35 Mary A 5 Mary Ann 5 Philip 35
HANIGAN: John 34 Julia B 34 Julia G 34 M J 34
HANLY: Johanna 33 Thomas 33
HARE: 1
HARNEY: 13
HARRIS: Agnes C 13 Jeremiah 13
HART: Charles 39 Daisy 39 Eugene E 39 James 39 Mary 39 Nellie 39
HAUGHEY: James 23
HAYDEN: Beatrice E 40
HAYES: Frank E 40 Henrietta 40
HAYWARD: 44 Daniel A 42 Edward B 42 Florence 42 F S 42 Francis Sidney 42 Francis Sidney Sr 42 H M 42 Helen M 42 Henrietta 42 Thomas B 42
HEALEY: P J 44
HEAPS: Capt J B 8 Capt John B 8 Margaret 8 Mary H 8
HELDMAN: Andrew 42 Anna M 42
HENDERSON: Dr Eugene 44
HICKLEY: Margaret 29
HILBERG: Annie 23 Callie 23 Dellie 23 Father 23 Mother 23 Sadie 23
HOLLOWAY: Edward Lee 37 Frank H 37 J Q A 37 John? 37 Jno Q A 37 Mary Grace 37 Sue 37 Susanna 37 William E 37
HOLTON: John 16 Margaret 16
HOUCK: Annie M 23 George F 23 Lawrence 23 Sadie E 23 Sarah E 23
HOUSTON: Charles 40 Margaret A 40
HOWE: James B 19 Sarah E 19 Thomas 19 Thomas J 19
HUBER: Cora F 44 Leroy M 44 Matthew W 44
HUGHES: Mary 43 Michael 17
HUNTER: Jane 21 John B 21 John H 21
HUSSEY: Anna C 32 John E 32 Martin 32 Mary 32 Mary A 32
HYLAND: William 35

HYSAN: Anna Eugenia 21 Georgeanna F M 21 John F 21 Joseph 21 Mary Catherine 21 Mary E 21 William B 21
INGRAM: Honorah A 45 John L 45
Illegible: Margaret 19 Thomas 19
Initals only: M A D 43 J R 44
JACCRA: Diana 17
JENDRECK: John C 41 Mary J 41
JENKINS: Effie Johnston 7
JOHNSON: Mary C 2
JOHNSTON: Amy 7 Amy Elizabeth 6 Effie 7 Frances Mansfield 6, 7 James Matkins 4 Lucian 7 Richard Malcolm 6, 7 Ruth 6
JORDEN: John J 5
JUDGE: Arthur I 45 Gertrude C 45 Gertrude E 45 Marie B 45 William C 45
KAIRNS: Annie 17 Edward 17
KANE: Isabella 12 John 12 Mary 10, 12
KATES: George W 12 Mary 12 William F 12
KAVANAUGH: Katie 32
KEARNEY: Mary Jane 8
KEARNS: 37 Catherine 17 Mary 6 Patrick 6
KEAVENY: Mary Ellen 25
KEILHOLTZ: Annie 29 Catherine 29 Jacob 29
KELLY/KELLEY: 41 Anastatia 2 Annie C 31 Bernard J 34 Charles J 34 Charles P 34 Dennis Sr 3 Edward 3, 21 Edward F 10 Esther 21 Hetty 21 James 2, 44 John E 31 John J 34 Kate 3 Margaret C 38 Martin 21 Mary 3, 34 Mary A 4 Michael 34 Michael H 4 Michael J 44 Sarah 44 Sarah M 34 Simon J 2 Sophia V 21 William 38
KILROY: Catherine E 27 Julia 4 Martin L 27 Patrick 4 William J 27
KIMMITT: Patrick 9
KING: Charlotte G 9 Mary A 24 Walter B 9
KINSLEY: M 13 A 13
KIRBY: Agnes Gertrude 40 Joseph 40 Mary Elizabeth 40 Mary Fitzpatrick 40
KLUG: Appolonia A 16 Barbara M 44 Catherine C 43 Cecilias D 16 Charles F 44 Clement L 43 Dorothy M 15 Joseph A 44 Rosalie A 16 William J 15
KOENIG: George L 2 Elizabeth A 2
KROFT: Arietta H 29 John 29 Virginia K 29
LACEY: Annie 2, 10 Catherine 21 David M J 10 Eliza 14 John 15, 21 John P 40 Leonard 21 Margaret 5, 10 Mary 15, 21 Mary A 10 Mary E 40 Michael 2 Nicholas

LACEY (continued): 10 Nicholas J
20 Nicholas S 21 Patrick 10, 20
William 5, 14 William J 40
William J 40 William John 5
LANAHAN: Catherine C 39 William
39 William L 39
LANDRIGAN: Mary 12 Ths? 12
LANE: Cecelia Gibson 42 Robert
R 42
LATHROP: Annie Harvey 13 Harvey
W 13 M Lucy 13
LINZEY: Bertha 37 Charley R 37
Hannah E 37 Howard 37 James 37
James E 37 James H 37 Lewis A
29 Margaretta A 29 May 37 Tobias
C 29 William T 39
LIVINGSTONE: Annie 12 John Lea 13
Margaret 13 William 12, 13
LORDEN: 45 Bridget 2 John 2 Mary
E 2
LORTZ: Catherine F 43 Christian
J 43 Helena T 43 John 43
LOVE: Benjamin F 42 Charlotte E 8
Elizabeth A 42 Richard J W 8
LOWERY: John 10
LUTZ: Alexander A Sr 25
LYMAN: Caroline B 26 Rev Dwight E
26 Louise S 26 Mary 26 Mary Ann
26 Robert Forien 1
LYNCH: Annie Marie 34 Bridget 4
Daniel 34 Eliza A 19 Eliza Ann
19 Mary 4 Matthew 4
LYNN: Catherine 16
LYONS: Frank 45
MADDEN: Patrick 6 Winnefred 6
MADDOX: Maria 36 Patrick 36
MAENNER: Barbara A 30 C J Jr 30
C J Sr 30 Charles J III 30 Emma
30 Gary P 30 Jean 30 John T 30
Kia 30 Leo 30 Leo T 30 Louis D
30 Marguerite E 30
MAGILL: Annie 21
MAHER: Alice 6 Annie T 10 Edward
10 Elizabeth 6 J Carroll 6 Margaret 10 Margaret C 10 M Mildred
6 Rose A 6 William J 6
MALLON: Cath E 7 Francis 7 Imo
Francis 7 Margaret 8
MALONE: Agnes 8 John 8 Nicholas P
8 William 8
MALONEY: Ann 33 Terence 33
MANNING: Alice 31 James 31 James
R 31
MARKOE: Emily Maxcy 28 Francis I
27 Col Frank 28 John Sutherland
28 Maria Kerr 28 Maria Perry
Thomas 28 Mary Maxcy 28 Thomas

MARKOE (continued): Masters 28
MARTIN: Catherine B 12 John 12 Joseph
B 12 Mary 30, 41 Owen 30 Rose 30
MATTHEWS: Delia Carroll 40 Henry A 40
MEAD: Rev T D 26
MEADE: Florence 41 Isabella 41 James
A 41 Nellie C 41 Rosa 41 Sarah 41
Sarah A 41 Sarah M 41
MEAGHER: Bridget 31 Thomas 31
MEEHAN: Mary 4
MEVAL: Joseph 42
MILHOLLAND: Bridget 15
MILNE: Mary Clare Brown 32 Thomas
Baxter 32
MONAGHAN: Gertrude E 45 Katherine M
45 Mary E 45 Owen F 45
MONTGOMERY: Julia 28
MOONEY: Patrick 11 Susan 11 Thomas 11
MOORE: Edward J 25 Elizabeth 10 John
10 Lucy S 10
MORGAN: James 8 Mary 8
MORRIS: Patrick 4
MOSS: Marie Antoinette 32 Marie P 32
MOYLAN: K A 34 P J 34
MULLAN: Clara E 31 David H 31 Susan R
31 Theresa B 31
MULLEN: J F 36 James 3 James F 36 Jane
3 M G 36 M M 36 Martha M 36 Sarah 3
MULLIGAN: Annie 40 James 40 John P 41
Katherine 40 Thomas M 40
MUNK: Capt William 30
MURDOCK: Barbara I 25
MURPHY: Ann 23 Catherine 28, 32 Daniel
21 Edward C 21 George W 21 Helen R
36 J Vincent Sr 37 Jane 26 John 21
John V Jr 37 Louis G 36 Louis M 36
Margaret 21 Margaret A 36 Martin J
26 Mary 23 Mary Ann 6 Mary C 8 Mary
E 26, 27 Mary McCabe 25 Michael 23
Moses 32 Nellie E 37 Patrick 32
Patrick F 8 Robert F 21 Timothy 21
W T 27 Willis 27 Wilson 37
MURRAY: Cecelia 19 Mary 15 Patrick 15
McCABE: Calvert Cornelius 25 Eileen Y
25 Ernest Ruhl 25 Gertrude Knight 25
Harry Irwin 25 J F 25 James Francis
25 James H 25 James T 25 Laurence B
25 Laurence B Jr 25 Leila Post 25
Mary A 6 Mary Ellen Keaveny 25 Patrick
6
McCAFFREY: Francis H 11 John W 11 Mary
11 Neal 11
McCALL: Anna C 28 Catherine 28 John B
28 Peter 28
McCANN: Catherine 16 Catherine M 43
Edw J 16 Gertrude M 43 J J 13 James
16 J Bagley 43 John 16 Julia E 13

McCANN (continued): Julia H 43
   Lily 13 Leo T 43 Mamie E Roach
   16 Margaret 16 William 16
McCAULEY: Jane 27 Maurice 27
McCLAIN: J F 2
Mc CORMICK: Margaret 40
McCOURT: 43 Bessie 10 James 10
   Katherine 10
McCULLOUGH: Ella 36 John E 36
   John J 36
McDERMOTT: Annie 35 Bernard 22
   Mary 35 Peter 35
McDONALD: Frank A 42 Rose A 12
   Thos 12 William H 19
McGEE: Rose 5 Rose L 5 Thomas J 5
McGEENEY: Ellen 12 James M 12
   Kate 12 Nellie 12 Patrick 12
McGINNITY: Bernard 12
McGOWAN: Hannah 2 Mary 2
McGRAIN: Catherine 5 Ella A 3
   James L 3
McGREEVY: Catherine 3 Elizabeth
   35 Margaret 35 Mary 35 Patrick
   35 Thomas J 3
McGURGAN: Ann 11
McINTIRE: Alice 2 Catherine 2
   Josephine 2 Margaret T 2 Martha
   2 Owen 2 Owen Sr 2
McKENNA: James R 6 Mary 2 Mary
   Ann 2 Mary Ann Murphy 6 Susanne
   Marie 6 William R 2
McKEW: Edwardina 37 Edward J 37
   E Hunter 37 Elizabeth 37 Patrick
   37
McLAUGHLIN: Ellen M 32 James 2
   Mary E 2, 32 R Guilford 2
McNAMARA: Ellen 35 Eliza 33 Eliza-
   beth 33 John 33 Mary E 33 William
   35
McSHANE: Catherine M 11 Charles 9,
   10 John Henry 11 John J 11 Joseph
   11 Josephine 11 Mary 10
NAGLE: Anne S 16
NELSON: Mary M 31 Roger M 31
NERTNEY: Reginia 33
NEWBAR: Conrad 27 Margaret 27
NEWELL: Catherine 43 Thomas J 43
NOEL: Agnes M 36 Paul J 36
NOLAN: Bridget A 38 Ellen 9 Eliza
   9 James 38 James Rice 23 John 9
   Katie 38 Mary A 9 Michael J 9
   Patrick A 9 Sarah 23
NORRIS: J Howard 43 Margaret C 43
   Mary Hughes 43
NORTON: Edward 29 Edward A 35 J F 2
   James L 38 John 18 John T 7 Jos F
   38 Joseph F 38 Lena K 38 Mary 7, 18

NORTON (continued): Mary V 35 Patrick 7
NUGENT: John 30 Mary 30
O'BRIEN: Carrie C 43 Catherine 43
   Charles J 43 Edward J 12 Eliza 12
   Emily 2 Joseph 12 Joseph A 43 Maggie
   12
O'CONNELL: Dennis 12 Mary A 12 Mary E
   12
O'CONNOR: Denis 16 Ellen 16 George F?
   16 Margaret 30 Mary 16 Mary Ellen 16
   Thomas 16 Thomas P 30
O'DONOVAN: Cornelius 1 Daniel 1 Ellen
   1 Michael 1 Michael F Jr 1 Mother 1
   Peter 19 Timothy 5
OFFLER: Madeleine 16
O'KANE: Catherine 10 Elizabeth 10
O'KELLY: Catherine 18 Mary Ann 18
   William 18
O'NEILL: Catherine 38 Charles 38 Henry
   11 Honor 11 Johanna 38 John 11 John
   Caton 11 M Joseph 38 Mary 11 Patrick
   11 Rebecca 11 Thomas 11 Thomas A 11
O'REILLY: Rev Eugene 24 John 24 M 26
   Dr William T B 26
O'ROURKE: Alice 19 Frank 19 John J 19
   Katie 19 Patrick 19
OWENS: J M J 31
PALMISANO: Jeane 14 Joseph 14 Susan 14
PARRISH: Henry C 44 Mary A 44
PEAKE: Rida 34
PINDELL: Bernard B 14 Elizabeth A 14
   Francis B 14 George B 14
PLUNKETT: Ann 32 James 32 James F 32
   Mary 32
POLTZ: Theodore 36
POPP: Catherine M 33
POWER: Edward 33 Capt Edward 33 Mary 33
PRITCHARD: A Viola Cook 45
QUEENY: Bridget 18 John 18
QUENEY: Bridget 15 John 15 Margaret 15
QUIGLEY: James 8 Mary E 8
QUINN: Rev Ambrose 2 Bridget C 28 Ethel
   C 43 John 2 Margaret M 28 Martin L 43
   Mary 2 Mary A 28 Patrick M 28 Sarah
   M 28
QUIRK: Catherine 10 Patrick 10
RAHLL: Annie M 44 George H 44
RAMSEY: Calvin D 41 Isabella 41
RAY: Helen V 4 Richard F 4
REEDER: Mary Bertha 45
REESE: Eva E 36 Gertrude 36 John A 36
REHM: Charles 32 Elizabeth Frances 31
   Frank 32 George 32 John Michael 31
   Stuart 32
REILLY: Annie E 34 James T 34
REINHARDT: Bessie K 9 Catherine Virginia
   15 Helen M 9 Mary Eileen 9 Philomena 9

REINHARDT (continued): William 9
 William 3rd 9
RESIDE: 23
REZAR: Cecilia 40
RICE: 26 Aunt Bridgeta 23 Patrick
 23 Stephen 22
RICHARDS: Anna C 28 E Adella 28
 Julia Montgomery 28 Robt F 28
 William C 22
RIDER: Annie E 44 Edward 44 J 44
RILEY: Charles D 36 Edgar M 36
 J M 36
RILEY-GLADFELTER: Anna 8 Edwin L
 8 Mary E 8 Owen E 8
RINGGOLD: Anne F 17 Arthur J 27
 C Bernadine D 27 Ella M 17 James
 Hodges 17 John J 27 John P 17, 27
 Joseph 17 Julie 27 Mary C 27
 Peregrine 27 William H 17
ROACH: Hannah 13 Mamie E 16
ROBERTS: Mary H 27
ROCHA: Catherine 20 James 20 John
 20 Mary 20 Patrick 20 Stephen 20
 Timothy 20 Thomas 20
ROCHE: Bridget 20 Catherine 6 J
 14 James 6 Kate 41 Mamie E 14
 Mary 41 Patrick J 31 Sam'l 20
 Sylvester J 14 William 31
ROGERS: Yvonne A 25
ROSE: Henry B 23 Mollie M 23
ROSSITER: John 8, 42 Margaret 8
 Mary Helen 8
ROURKE: Bessie M 12 Joseph 12
 Joseph E 12 Mary F 12
RUSSELL: Catherine 29 Richard B
 29 William L 29
RUST: Phoebe 14
RYAN: Annie R 29 Bridget 3 Cornelius 29 Ella A 33 Isabel Forien
 1 John F 3 Mary Anne 40 Mary S 29
 Thomas J 33 William 40 William
 Franklin 1 William J 3, 40
SCALLY: Mary A 33 Patrick 33
SCHLEIFFER: Antoinette 32 Eva 32
 George 32 Theophilia 32
SCHNEIDER: Andrew G 44 Kathrin 44
SCHOFIELD: Barbara E 29 Charles B
 29 Charles T 29 Emma K 29 Henry
 C 29 William T 29
SCOTT: Mary R 39
SHANKLIN: Ann Eliza 15 Arthur W 15
 Ida M 15 Joseph W 15 W Jefferson
 15
SHANNON: Derissa C 16 James B 16
SHARRETTS: Mary 33 Mary G 33 Thaddeus
 S 33
SHEA: Catherine 17 Dennis F 39 James

SHEA (continued): 17 John 39 Mary 17
 Mary E 39 Patrick 35
SHEEHAN: George 11 J F 11 John F 11
SHEEHAY: Annie M 35 Bridget 35 Ella
 35 Margaret T 35 Mary A 35 Michael
 J 35 Teresa C 35 Wm Paul 35
SHEELER: Frank 40 Genevieve 40
SHEPPERD: G P 6
SHERRY: Nannie 23
SHIELDS: Elizabeth A 9 George W 3 Jane
 2, 3 Owen 2, 3
SHUTES: Mary E 37
SINDALL: Alphonsus 14 Alphonsus J 16
 Caroline A 40 David 22 David P 40
 David Paul 40 Dorcas A 22 Elizabeth
 A 40 Gertrude A 38 J Howard S 38
 J Leo 38 James W S 38 Jane 22 Joshua
 F 16 Mary B S 38 Mary J 14 Philip 22
 Robert A 22 Sophie T 16 Susanna A 22
SINNOTT: Annie 38 Bridget 38 Elizabeth
 32 John 32, 38 Katie 38 Mary 11 Mary
 J 38 Mary M 14 Stephen 11 Stephen J
 38
SMICK: M A 38
SMITH: Annie T 1 Bessie V 44 Estella
 13 George H 1 Harry T 44 Thomas A 45
 Thomas Gordon 45 Thomas J 44 Tania
 C R 25
SOFSKY: Caroline 33 Catherine M 33
 Edwin A 33 Frank A 33 Fred 33 Fritz
 33 Theodore 33 Violet H 33 Walter
 33 William P 33
STACY: Anna 17
STAFFORD: John 18
STARR: Catherine 31 Catherine M 45
 Dennis F 45 Ella 32 James P 32 James
 T 31 Katherine R 45 Margaret 31
 Patrick 31
STEUART: Charles Cecelius 17 Edward B
 17 Mary (Cassin) 17 Mary Rosalie 34
STEWART: G P 36 Charles P 36 Emma R
 36 Joseph C 36 M Theresa 36
STILLE: Thomas 44
STOLL: Regina F 42
STONE: Charles A 18 Elenoria E 18
STREB: Genevieve 34 Mary 34
STRICKER: Edward Aloysius 31 Eva
 Catherine 31 Henry Albert 31 J W 29
 John M 31 John V 31 M Dorothy 31
 Mary V 31 William Joseph 31
STROHECKER: Elizabeth F 22
SULLIVAN: Catherine 17
Sunken stones: Margaret A? 5 Richard?
 5 Mary A? 16
SWARTWOUT: Mary A 16
TANIAN: Catherine 4 Mary 4
TAYLOR: Eleanor 21 John 21 John E 21

THOMPSON: Catherine 32 William H 32 William J Jr 32
TICE: Benjamin A 13 Benjamin A jr 13 Rachel 13 Rachel G 13 Sarah A 13
TIGHE: James M 27 James M Jr 27 Joseph V 34 Katherine G 27 Mary Dulaney 34 Philomena 27 Thomas 34
TOMEK: Helen T 16 Stephen J 16
TOOMEY: Julia 42
TUNNEY: Margaret 2 Mrs Mary Ann 10 Sarah 10, 29 Sarah M 10 Richard D 10 William 10, 29
TURNER: Richard C 2 Virginia Cookey 2
UHLER: Mai Uhler (Unduch) 45
UNDUCH: Gertrude L 39 Henry H 30 J Lloyd 39 Lucy 30 Mai Uhler 45 May Clare 30 Minnie H 30 William L 45
URBAN: Annie M 39 J Lawrence 17 Lewis H 39 Margaret A 17 Marguerite B 39 Nelson A 17 Theo L 39 Theodore L 39
VINAL: Dr Walter H 42
VINCENT: Anne M Carroll 40 William Paul 40
VOEGLEIN: Charles 1
WAGNER: Alphons J 43 Anna M 40 Charles W 40 Sarah E 43
WAHL: Annie E 10 Frank H 10 Rodger 10
WALLACE: Catherine 15, 42 Martin 15 Michael 42
WALSH: Mary 27 Michael 27 William 27
WARD: Bernard 17 Catherine 17 Ellen 6 John 13 Malcolm 7 Margaret 14 Martin 14 Owen 14 William 6

WARE: Alice 3 Eliza 3 James 3
WEATHERLY/ WEATHERLEY: Anna Virginia 28 James Coe 43 James W 28 James Wilson 44 Maria L 28 Mary Frances 43 Roberta Gertrude 28
WEBSTER: Gertrude Lee 38 James McCormick 38 Mary R 38
WELLMORE: Margaretta 6
WELSH: Bridget A 1 Bridget Marie 1 Mary 31 Michael J 1 Patrick 17 William 31 William M 1
WESTERFIELD: 43
WHITE: Annie 36 Edward 36
WHITEFORD: A C 19, 42 Dr A X 19, 42 Mrs Ann 22 Annie M C 19 Celinda 27 Charles 22 Dr Chas R 19 Garnett E 19 James 26 James V 19 John 26 John M 31 Dr Lingard I 19 Mary A 19 May Irene 42 Robert A 19 Robert Louis 26 Dr Wm T G 19
WHITING: Mary B 42 Samuel A 42
WIEDEFEL: Francis D? 13 Mary 13
WILLIS: Ann 5 Edward J 39 Mary A 39 Robert 5
WILSON: Cecelia Duke 7 Cecelia V D 7 Christina 33 Claire Ewing 39 Eliza C 3 Frank W 7 George W 33 Gertrude L 39 Gertrude Lee 39 J H 3 James H 3 Julia 4 Lucia T R 3 Mary Urban 3 Rev Thomas J 3 Victor 39 Victor Jr 39
WINTERS: Fannie 36 Peter 36
WRIGHT: Ann 8 James G 8 John J 8
WYNIGER: Mina V R 16 Joseph 16 Josephine 16
YVRETTE: Andre 16
YUHN: Katherine B 44

www.ingramcontent.com/pod-product-compliance
Lightning Source LLC
Chambersburg PA
CBHW061257040426
42444CB00010B/2398